30 dias

JUNIOR ROSTIROLA

30 dias

PARA TRANSFORMAR SUA VIDA

vélos

Vélos
EDITORA

Editora Vélos
Itajaí - Santa Catarina
Tel.: 47 3083-8555
contato@editoravelos.com.br
www.editoravelos.com.br

Direção geral
Junior Rostirola

Editor responsável
Michele Rostirola de Lima

Editor-assistente
Joshua Santos

Supervisão editorial
Marcos Vinicius Ferreira

Produção editorial
Águia Editorial

Edição
Emanuelle Malecka
Gisele Romão da Cruz

Revisão de provas
Josemar Pinto
Manuela Condack
Sônia Freira Lula Almeida

Projeto gráfico e diagramação
Luciana Di Iorio

Capa
Jonatas Ilustre

Impressão e Acabamento
Gráfica Geográfica

Dados Internacionais de Catalogação na Publicação (CIP)
(Câmara Brasileira do Livro, SP, Brasil)

Rostirola, Junior
30 dias para transformar sua vida / Junior Rostirola. -- Itajaí, SC : Editora Vélos, 2025.

ISBN 978-65-85930-38-3

1. Literatura devocional 2. Vida cristã
I. Título.

25-270647 CDD-242

Índices para catálogo sistemático:
1.Literatura devocional : Cristianismo 242
Eliete Marques da Silva - Bibliotecária - CRB-8/9380

Sumário

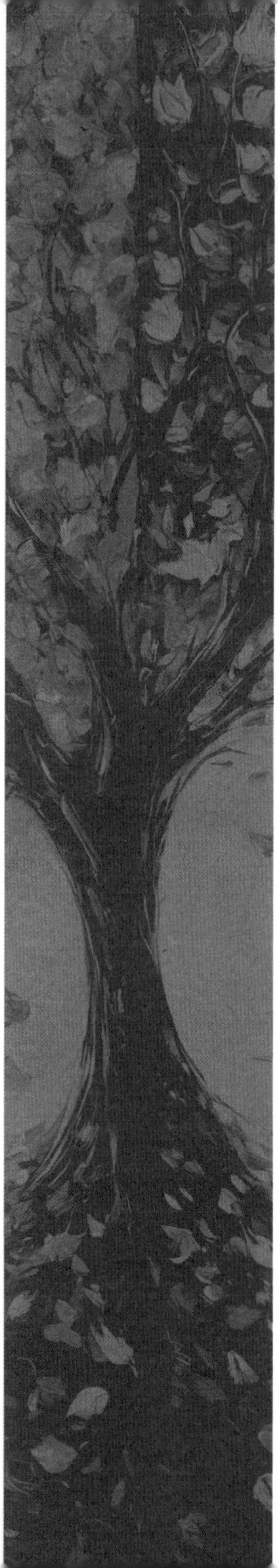

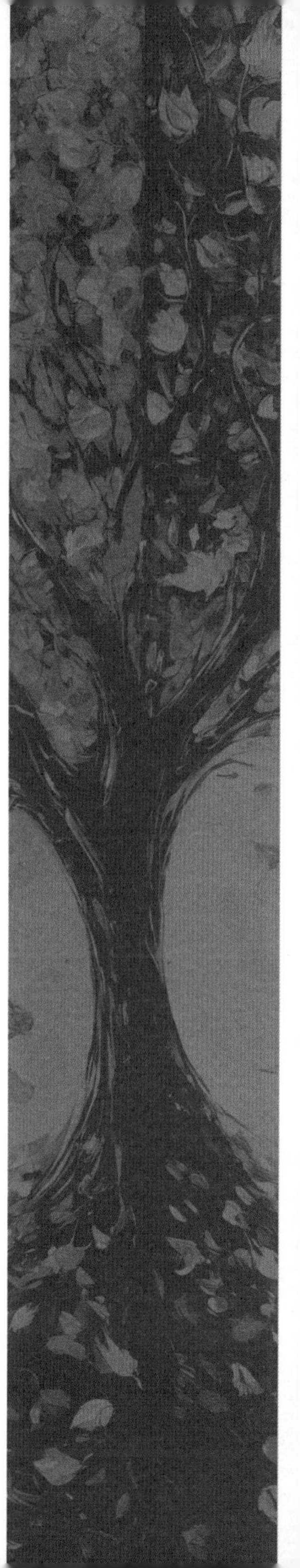

Introdução

Por muito tempo, vivi sem rumo, sem perspectiva de ter uma vida melhor. Cresci em uma casa humilde em Itajaí, Santa Catarina, com os meus pais e três irmãs, Kátia, Christiane e Michele. Apesar de morar com o meu pai, sua ausência afetiva fez de mim um órfão de pai vivo. Eu me sentia aprisionado aos sentimentos e às dores da rejeição, da solidão e da orfandade. Em razão de sua dependência alcoólica, o meu pai muitas vezes era agressivo, principalmente com a minha mãe.

No entanto, encontrei esperança e uma nova vida ao conhecer o amor de Deus Pai. Finalmente percebi que eu tenho um Pai que jamais abandona os seus filhos ou falha com eles.

Ao descobrir que sou filho de Deus, a minha vida foi completamente transformada. Compreendi que, embora o meu pai terreno jamais tenha me dado o amor de que eu precisava, o amor de Deus Pai transborda e é mais do que suficiente para curar, transformar e trazer esperança.

O processo de cicatrização e cura das feridas emocionais foi longo, mas hoje posso compartilhar o meu testemunho para que outras pessoas se sintam encorajadas a aceitar a própria identidade como filhos e filhas do Pai. No decorrer desse processo, entendi que a minha dor poderia ser direcionada a um propósito maior.

A mudança não aconteceu do dia para a noite. Foi necessário que eu desse passos de fé e aprendesse a confiar no Pai. Aos poucos, resgatei sonhos que estavam enterrados havia muito tempo e outros que eu nem sequer sabia que existiam. Fui capaz de superar os meus medos e inseguranças, de deixar para trás o passado que me prendia e de começar a viver o propósito para o qual fui criado.

Ninguém poderia imaginar que aquele garoto tímido, inseguro e solitário seria transformado a ponto de pregar a Palavra de Deus a tantas pessoas e de se tornar o autor de um dos livros mais vendidos do Brasil, *Café com Deus Pai*. Contudo, o amor do Pai e a ação do Espírito Santo me capacitaram e continuam a me capacitar para que eu possa responder ao chamado de Jesus, tocando mais vidas a cada dia. O nosso Deus é especialista em tomar situações que julgamos impossíveis e transformá-las para a sua glória.

Portanto, apresento este livro como uma ferramenta para que você também possa experimentar a transformação na sua vida, por intermédio da fé de que Deus tem poder para realizar os grandes planos que ele tem reservados para você: " 'Porque sou eu que conheço os planos que tenho para vocês' — declara o Senhor — 'planos de fazê-los prosperar, não de causar dano, planos de dar a vocês esperança e um futuro' " (Jeremias 29.11).

Como usar este livro

Este livro tem por objetivo ajudar e encorajar você, amigo leitor, a se mover pela fé em direção à transformação de vida, ao se conectar mais com Deus e compreender a sua identidade e o seu propósito nele. Para isso, cada texto está estruturado da seguinte forma:

1. Indicação de leitura bíblica;
2. Mensagem;
3. Aplicação;
4. Versículo para memorizar;
5. Modelo de oração.

A minha recomendação é que você defina um momento do dia em que possa fazer a leitura e a meditação bíblica longe de distrações; prefira pela manhã, ao tomar café, ou antes de dormir. Estipular o local e o momento fixos para fazer um estudo pode ajudá-lo a ter mais comprometimento e constância.

Além deste livro, é importante que você tenha a Bíblia em mãos, pois cada reflexão está fundamentada na Palavra de Deus e é acompanhada de uma passagem do Texto Sagrado. Se preferir, você também pode utilizar outros materiais, como caderno e caneta para fazer anotações.

É essencial que o seu coração esteja disposto a compreender a mensagem e como ela se aplica à sua vida ao fazer as reflexões e atividades propostas. Este livro é, antes de tudo, um convite à transformação por meio de mudanças práticas que você pode realizar para experimentar uma melhora na vida, no relacionamento com Deus e na compreensão de si mesmo.

Por fim, você verá que o tema da oração é recorrente neste livro. Acredito que a intimidade com Deus seja a chave para a verdadeira transformação. Para isso, você pode seguir os modelos de oração de cada devocional ou fazer a sua própria oração. O importante é que aprofunde o seu relacionamento com o Pai ao conversar com ele e ao se colocar à disposição para ouvir o que ele diz. Não se esqueça de que a oração é um diálogo, isto é, uma troca entre ambas as partes.

A minha oração é que você seja guiado, pela fé, a uma transformação que ecoe para a eternidade. Além disso, oro para que você compreenda a sua identidade como filho de Deus Pai e para que esteja aberto às mudanças decorrentes da sua filiação, a fim de que também se torne um testemunho para a edificação de outras pessoas.

Vamos juntos dar o primeiro passo?

Seja grato

dia 1

LEITURA BÍBLICA
Lucas 17.11-19

Um dos grandes riscos que enfrentamos no decorrer da nossa caminhada é o de deixar de apreciar as manifestações da bondade e do poder de Deus. Muitas pessoas estão tão focadas nas dificuldades ou nos planos frustrados que acabam se tornando ingratas ao ignorar o que há de bom na sua vida. Outras, porém, veem as bênçãos que recebem, mas não reconhecem que são fruto da graça divina. No entanto, precisamos aprender que a gratidão é essencial para que possamos amadurecer na fé.

No capítulo 17 do Evangelho de Lucas, lemos a respeito do episódio em que Jesus se encontrou com dez homens leprosos. Naquela época, as pessoas acometidas por essa condição eram proibidas de conviver com o restante da sociedade; por isso, era comum que vivessem à margem da sociedade. Por não poderem se aproximar de Jesus, a certa distância os leprosos suplicaram que o Mestre tivesse misericórdia deles.

O Senhor, em resposta, ordenou que eles fossem até os sacerdotes. Em obediência e fé, visto que se afastaram de Jesus sem ainda terem recebido a cura, os homens partiram. Todavia, foram purificados no caminho. Nesse momento, o que nos chama a atenção é que, dos dez homens curados por Jesus, "um deles, quando viu que estava curado, voltou, dando glória a Deus em alta voz. Prostrou-se aos pés de Jesus e lhe agradeceu. Este era samaritano" (v. 15,16).

> **Precisamos aprender que a gratidão é essencial para que possamos amadurecer na fé.**

Os dez homens foram curados por Jesus, contemplaram seu poder e receberam aquilo que haviam pedido. Apenas um deles, porém, voltou para agradecer. Em alta voz, os dez imploraram que fossem curados, mas somente um manifestou gratidão em alta voz. Enquanto caminhava junto aos nove, foi despertado para voltar até o Mestre e demonstrar gratidão em vez de seguir adiante como os demais.

A informação de que o homem era samaritano não é um detalhe insignificante ou um acréscimo acidental; naquele tempo, esse grupo era considerado impuro pelos judeus em decorrência de embates étnicos, religiosos e históricos. Portanto, o fato de o samaritano ter sido o único a voltar para dar graças nos mostra também que, era o mais improvável do grupo. Desprezado por sua condição e por sua origem, não somente creu em Jesus, que era judeu, como também o glorificou e se prostrou a seus pés em ação de graças.

A gratidão distinguiu esse homem dos demais, e assim também deve ser na nossa vida. Ao analisar esse relato, podemos encontrar alguns motivos pelos quais cada um de nós pode ser grato:

- Em primeiro lugar, podemos ser gratos porque Jesus está entre nós. Independentemente das circunstâncias, da origem, das lutas que enfrentamos e de como a sociedade nos considera, Jesus está conosco e podemos nos dirigir a ele (v. 12).
- Segundo, Jesus nos vê e ouve as nossas súplicas (v. 13,14). O Mestre está sempre atento ao nosso clamor e não é insensível às nossas dores.
- Por fim, Jesus é o único que pode nos purificar, salvar e transformar (v. 14). Qualquer que seja o problema, somente o Senhor pode mudar completamente a nossa situação e nos dar um recomeço.

Diante disso, somos confrontados com dois tipos de resposta ao encontro com Jesus: seguir em frente com ingratidão, ou nos voltar para ele com o coração sincero, derramando-nos a seus pés em adoração. Como você tem reagido aos feitos e à presença de Jesus?

A Bíblia nos adverte em diversos momentos contra o pecado da ingratidão (Números 11.4-6, Deuteronômio 8.12-14, Salmos 78.11, 95.8-11 e Romanos 1.20,21). Não podemos ter o coração tão endurecido e insensibilizado a ponto de deixarmos de valorizar os feitos do Senhor, como fizeram os israelitas após terem sido tirados da escravidão no Egito pela poderosa mão de Deus, ou como fizeram os nove homens curados, que não se importaram em expressar uma palavra de agradecimento. Pelo contrário, a exemplo do salmista, devemos dizer a nós mesmos: “Bendiga ao Senhor, ó minha alma, e não se esqueça de nenhuma das suas bênçãos!”.

> **Não importa quão difícil seja o que acontece ao redor, sempre haverá infinitamente mais motivos para ser grato a Deus.**

Segundo Billy Graham, "dar graças a Deus por todas as suas bênçãos deve ser uma das marcas mais distintivas do crente em Jesus Cristo". Um cristão alegre não é alguém que está livre de dificuldades, que não enfrenta lutas, medos, dores, tristezas ou perdas. Pelo contrário, é alguém que enfrenta todas essas circunstâncias com a certeza de que, não importa quão difícil seja o que acontece ao redor, sempre haverá infinitamente mais motivos para ser grato a Deus. Um cristão alegre reconhece ter total dependência de Jesus e compreende que, se há algo de bom em sua vida, é proveniente da graça; e, se há alguma ferida ou mágoa, somente Cristo pode curá-la.

Na minha infância, cresci em um lar disfuncional, no qual sofri com a ausência emocional do meu pai alcoólatra e com a violência doméstica. Em meio a essa realidade, vivi momentos de grande sofrimento e cheguei a desejar inconscientemente a morte do meu pai. No entanto, ao desenvolver um relacionamento com Deus, transformei a dor em propósito e passei a ajudar outras pessoas a superarem traumas semelhantes. Minha experiência demonstra como a gratidão e a fé são fundamentais para a nossa restauração emocional e espiritual.

Talvez você esteja passando por dificuldades financeiras, problemas de saúde ou familiares, quem sabe até mesmo por uma perda dolorosa. É realmente difícil lidar com essas situações, e temos o direito de lamentar, porém jamais podemos nos esquecer de que a vida não se resume aos problemas que enfrentamos, pois em Jesus temos incontáveis motivos para agradecer.

Jamais podemos nos esquecer de que a vida não se resume aos problemas que enfrentamos, pois em Jesus temos incontáveis motivos para agradecer.

Mesmo em meio à dor, temos razões pelas quais podemos ser gratos, porque Jesus não nos abandona e não deixa de demonstrar bondade, misericórdia e amor para conosco. Não podemos, de maneira alguma, permitir que as adversidades nos tornem indiferentes e insensíveis ao amor, ao poder e à presença de Jesus Cristo a ponto de agirmos com ingratidão.

Encorajo você a agir como aquele homem que voltou para agradecer pela cura obtida. Incentivo você a responder a Jesus com coração sincero, dependente e grato. Pense nas bênçãos que ele lhe concedeu, em sua provisão infalível. Reflita a respeito das pessoas presentes na sua vida. Considere até mesmo os momentos de dificuldade que contribuíram para que você crescesse e se fortalecesse na fé. Lembre-se principalmente de que foi ele quem lhe deu a vida e a salvação. É ele quem pode curar todas as suas feridas, sejam elas físicas, sejam emocionais ou espirituais. Ele vê e ouve o seu clamor.

APLICAÇÃO

Separe um momento para pensar nos motivos que você tem para ser grato hoje. Depois, coloque-se na presença de Deus em ação de graças e mencione cada um dos motivos dos quais se lembrou.

Para memorizar

Deem graças em todas as circunstâncias, pois esta é a vontade de Deus para vocês em Cristo Jesus.

1Tessalonicenses 5.18

ORAÇÃO

Senhor, graças te dou por este dia e por tudo o que tens feito na minha vida. Eu te agradeço porque estás comigo em todos os momentos, na alegria ou na dor. Agradeço, pois tu és o único que pode me curar e me transformar.

Ajuda-me a reconhecer o quanto dependo de ti para todas as coisas. Preciso da tua presença, do teu cuidado e da tua misericórdia. Transforma a minha perspectiva, para que eu cultive um espírito grato e possa render-te graças em todas as circunstâncias.

Em nome de Jesus, amém.

Ame mais

dia 2

LEITURA BÍBLICA

Lucas 10.25-37

A cada dia, vemos notícias alarmantes sobre conflitos motivados pelo preconceito e pela ignorância. Embora embates dessa natureza sempre tenham existido, têm sido cada vez mais evidenciados e potencializados no nosso tempo com o uso das redes sociais, que se tornaram, inclusive, espaço para a propagação de discursos de ódio. A Bíblia nos diz que, em razão do aumento da maldade, o amor de muitos se esfriará (cf. Mateus 24.12). Como, então, deve ser a nossa conduta neste cenário tão desolador?

A resposta a essa pergunta está na vida e nos ensinamentos de Jesus Cristo. Enquanto esteve na terra, demonstrou de maneira prática o que é viver motivado pelo amor a Deus e ao próximo, a fim de que nós, os seus discípulos, possamos seguir seus passos. John Wesley afirma: "O amor é a finalidade de cada mandamento divino". Portanto, diante do crescimento da maldade, a nossa atitude deve ser, a exemplo do nosso Mestre, amar a Deus e ao próximo.

Certa vez, em uma das minhas viagens, após ter embarcado no avião, me deparei com uma cena que me chamou a atenção: ao embarcar no avião um homem com problema de mobilidade, a comissária de bordo solicitou a outro passageiro, sentado em uma poltrona com mais espaço na parte frontal do avião, que voluntariamente cedesse seu lugar ao homem com mobilidade limitada. O passageiro, porém, respondeu com rispidez que pagara por aquele acento e não o cederia. Diante da situação, eu me vi impelido pelo Espírito Santo a intervir e, conversando com o passageiro irritado, o convenci a sentar-se no meu lugar, que também era no início do avião, para que o homem com limitações pudesse, enfim, sentar-se em um lugar confortavelmente adequado. Em seguida, fui para a poltrona indicada pela comissária.

> **“Diante do crescimento da maldade, a nossa atitude deve ser, a exemplo do nosso Mestre, amar a Deus e ao próximo.**

Muitas pessoas, contudo, ainda têm dificuldade de compreender quem é o próximo e o que significa o verdadeiro amor. Mais uma vez, ao nos voltarmos para os ensinamentos de Jesus, encontraremos a explicação. Quando questionado por um perito da lei a respeito de quem seria o próximo, o Mestre contou a parábola do bom samaritano (Lucas 10.30-35).

A ilustração de Jesus falava sobre um homem que passava pela estrada de Jerusalém a caminho de Jericó, um local perigoso no qual muitas vezes havia ladrões à espreita. Os assaltantes espancaram aquele homem, tiraram suas roupas e o deixaram quase morto. Passaram por ele um sacerdote e um levita, ou seja, homens religiosos, porém ambos o ignoraram e seguiram pelo outro lado. Entretanto, um samaritano, ao ver o estado do homem, se compadeceu dele.

Essa história tão conhecida nos traz lições muito importantes. Primeiro, a atitude do sacerdote e do levita não condizia com a natureza de seu ofício. Era esperado que eles demonstrassem piedade para com aquele homem, mas não o fizeram. Além de medo e falta de compaixão que os teria motivado a dar as costas ao sofrimento do próximo, a atitude do sacerdote e do levita estava pautada nas leis de pureza (cf. Levítico 21.1; Números 19.11-16), segundo as quais, se eles tocassem no homem aparentemente morto e certamente sujo de sangue, ficariam impuros. Isso significa que eles colocaram o legalismo acima da vida.

A atitude deles nos ensina que a forma de agirmos e nos comportarmos deve ser compatível com o que pregamos, acreditamos e dizemos ser.

Jesus não espera que sejamos religiosos, mas que pratiquemos a Palavra com amor. Sem amor, nada do que fizermos ou dissermos tem valor. Não importa se você é um cristão eloquente, alguém talentoso ou que conhece cada linha das Escrituras, se o seu estilo de vida não refletir o caráter e os ensinamentos de Cristo.

> **“A forma de agirmos e nos comportarmos deve ser compatível com o que pregamos, acreditamos e dizemos ser.**

A atitude inesperada do samaritano, por sua vez, nos diz muito sobre o que é amar ao próximo. Seu amor ultrapassou as barreiras do preconceito, do desprezo racial e da inimizade entre judeus e samaritanos. Como vimos, em virtude da hostilidade entre esses grupos, não era esperado que um samaritano estendesse a mão para ajudar um judeu. No entanto, o samaritano não se importou com a origem e a condição daquele homem, tampouco com a rivalidade histórica contra os judeus.

A segunda lição dessa parábola é, portanto, que em diversas ocasiões o próximo será um desconhecido, um estrangeiro ou, ainda, alguém com vivências e valores diferentes dos nossos, ou até mesmo alguém que em algum momento nos feriu ou ofendeu. O verdadeiro amor não faz distinção e não tem limites. Temos o dever de tratar todas as pessoas com empatia e generosidade. Como diz o ditado, devemos "fazer o bem sem olhar a quem."

Muitas vezes, o próximo será um chefe que faz de tudo para prejudicar você, um parente que o trata com desprezo, um vizinho barulhento que tira a sua paz ou um cliente rude que o desrespeita. Também pode ser alguém com ideologias distintas ou que tem uma vida diferente da sua. A cada uma dessas pessoas, temos de estender a mão e por elas devemos interceder, pois o amor transcende barreiras como preconceitos, desentendimentos ou divergências. Jesus nos ensinou: "[...] amem os seus inimigos e orem por aqueles que perseguem vocês" (Mateus 5.44).

> **O verdadeiro amor não faz distinção e não tem limites.**

O terceiro ponto é que o amor não é apenas um sentimento, e sim uma decisão prática. O samaritano, além de sentir pena ou pensar "Tomara que este homem fique bem", foi generoso, cuidou das feridas e levou o ferido para um lugar seguro. Ele, inclusive, dispôs de seus recursos financeiros para tal. Seu cuidado para com aquele homem à beira da morte foi completo.

O verdadeiro amor tampouco se restringe a palavras, mas é expresso por meio de ações e gestos. Não basta se comover diante do sofrimento de alguém; é preciso ajudar com tudo que pudermos.

O bom samaritano usou tempo, recursos e esforços para cuidar do homem em sofrimento.

Diante da dor de outras pessoas, devemos fazer o que estiver ao nosso alcance para aliviar o sofrimento alheio e levar esperança, ainda que, para isso, precisemos sair da nossa zona de conforto. Como está escrito em 1João 3.17,18: "Se alguém tiver recursos materiais, vir o seu irmão em necessidade e não se compadecer dele, como pode permanecer nele o amor de Deus? Filhinhos, não amemos de palavra nem da boca para fora, mas em ação e em verdade".

> **Não basta se comover diante do sofrimento de alguém; é preciso ajudar com tudo que pudermos.**

Em quarto lugar, temos a chance de fazer diferença na vida das pessoas ao nosso redor. O bom samaritano viu um homem ferido, despido e quase morto, e essa imagem o comoveu e o levou a agir com compaixão. Quando nos deparamos com pessoas machucadas e desoladas, temos a oportunidade de fazer diferença na vida delas ao lhes mostrar o amor e a esperança que nos transformou. Nós, que conhecemos o amor de Jesus, temos a responsabilidade de levá-lo a outras pessoas.

Ao olhar para alguém em sofrimento, é nosso dever estender a mão, cuidar das feridas e levar a pessoa a um lugar seguro. Esse lugar é em Jesus, a fonte de todo amor, cuidado, paz, esperança, misericórdia e consolo. O mundo está cheio de pessoas que foram assaltadas, espancadas e que estão à beira da morte. Os nossos olhos devem estar atentos, os nossos pés prontos para ir até elas, as nossas mãos dispostas a agir e os nossos lábios preparados para anunciar a mensagem que transforma.

A parábola contada por Jesus nos mostra a essência do caráter cristão. Se queremos segui-lo, precisamos aprender e praticar os ensinamentos do Mestre. Ao passo que o amor de muitos se esfria, o nosso deve crescer cada vez mais e se manifestar por obras de bondade, misericórdia e compaixão.

APLICAÇÃO

Leia João 13.34,35.

O que você entende sobre amar como Jesus amou? Reflita sobre o que significa amar ao próximo como Jesus nos amou. De que maneiras você pode incorporar em seu cotidiano atitudes mais semelhantes às de Cristo no que diz respeito à forma de tratar outras pessoas?

Anote as atitudes que você precisa colocar em prática no dia a dia para se tornar mais parecido com Jesus.

Para memorizar

Quem não ama não conhece a Deus, porque Deus é amor.

1João 4.8

ORAÇÃO

Pai, eu te agradeço porque nos enviaste o teu Filho como o maior gesto de amor já realizado por nós para ser o nosso maior exemplo de vida nesta terra. Opera em mim, pela ação do teu Espírito, e ensina-me a te amar com todo o coração e alma, com todas as forças e entendimento, e a amar ao próximo como a mim mesmo.

Que o meu amor não se restrinja a palavras, mas seja expresso por meio de ações. Ajuda-me a olhar para as pessoas com bondade e misericórdia, não importa quem sejam, e a amar sem reservas, sem impedimentos nem preconceitos.

Em nome de Jesus, amém.

dia 3

Desapegue-se do passado

LEITURA BÍBLICA
Atos 9.1-22

LEITURA COMPLEMENTAR
Gênesis 45.1-11

Houve um tempo na minha vida em que, depois de muito chorar e lamentar, eu não conseguia seguir em frente; estava inerte. Eu tinha sofrido tanto a ponto de pensar que não havia motivo para continuar ou ter esperanças de um futuro melhor. Por ter crescido em um ambiente de hostilidade, violência, insegurança e medo, carregava feridas emocionais que me levavam a duvidar de que um dia eu encontraria alívio ou viveria algo diferente.

Quando, porém, me encontrei com Deus e descobri a minha identidade, percebi que ele tinha um propósito para mim. Para viver os planos do Senhor, no entanto, era necessário que eu me desprendesse do passado, pois não poderia seguir em frente a não ser que deixasse para trás o fardo que estava sobre os meus ombros.

Estar preso ao passado, às dores e aos sofrimentos que vivenciamos, às ofensas cometidas por outras pessoas contra nós e às mentiras proferidas ao nosso respeito nos faz questionar por que estamos aqui. Isso pode nos tirar até a vontade de viver, porque não vemos nada além de angústia e dificuldades. Contudo, em Deus, encontramos vida em abundância, temos um propósito, um futuro.

Embora não tenha sido um processo fácil, abrir mão de dores, ressentimentos e medos antigos foi o que me permitiu contemplar as coisas novas e extraordinárias que Deus queria fazer em mim e a partir de mim. Compreendi que o passado não me definia e, assim, pude começar a buscar os planos do Senhor. Se você se encontra em uma situação semelhante neste momento, lembre-se: Deus tem planos para nós, planos de nos dar "esperança e um futuro" (cf. Jeremias 29.11).

> **Abrir mão de dores, ressentimentos e medos antigos foi o que me permitiu contemplar as coisas novas e extraordinárias que Deus queria fazer em mim e a partir de mim.**

Enquanto muitas pessoas olham para o passado com pesar, como eu costumava fazer, outras olham com saudosismo, como se jamais fossem experimentar coisas tão boas quanto as que já viveram. Todavia, quer o seu passado tenha sido marcado por sofrimento, quer tenha sido repleto de conquistas, vitórias e celebração, podemos ter a certeza de que o que Deus tem para nós é sempre melhor.

No livro do profeta Isaías, o Senhor diz aos israelitas: "Esqueçam o que se foi; não vivam no passado. Vejam, eu farei uma coisa nova! [...]" (Isaías 43.18,19). Deus não queria que seu povo se esquecesse do êxodo ou de como a mão poderosa do Senhor os havia libertado dos inimigos, mas que tivessem fé de que algo extraordinário estava prestes a acontecer, em vez de ficarem presos ao passado. De igual maneira, nós também podemos viver com a constante expectativa do extraordinário.

Isso não significa, de modo algum, que temos de apagar completamente o passado; pelo contrário, devemos aprender com ele e ser gratos por tudo o que Deus nos ensinou, mesmo em meio aos momentos difíceis, mesmo em meio à dor. Na verdade, precisamos tomar o cuidado de não vivermos presos ao passado, quer às dores, quer às alegrias. Como afirmou Roy T. Bennett: "O passado é lugar de referência, não de residência; o passado é um lugar para aprendermos, não para vivermos".

Temos muitos exemplos bíblicos de como o Senhor transforma histórias e identidades. No Antigo Testamento, por exemplo, encontramos o relato sobre a vida de José, filho de Jacó e Raquel. Os irmãos de José o invejaram tanto que elaboraram um plano para se livrar dele. O rapaz foi lançado em um poço, traído, vendido como escravo e levado para o Egito. Ele tinha, porém, algo que o fazia se destacar e prosperar: "O Senhor estava com José" (cf. Gênesis 39.2).

> **Precisamos tomar o cuidado de não vivermos presos ao passado, quer às dores, quer às alegrias.**

No Egito, José sofreu outra conspiração ao ser acusado falsamente de tentar abusar da esposa de seu senhor e, por isso, foi preso. Contudo, Deus não o abandonou nem mesmo quando o copeiro a quem ele tinha ajudado na prisão se esqueceu dele. Depois que interpretou os sonhos do faraó, José foi liberto da prisão e se tornou governador do Egito.

Quando José se reencontrou com os irmãos, após muitos anos, não havia no coração dele tipo algum de rancor ou mágoa, porque ele sabia que o Senhor estivera a seu lado durante todo o tempo: "Agora, não se aflijam nem se recriminem por terem me vendido para cá, pois foi para salvar vidas que Deus me enviou adiante de vocês. [...] Assim, não foram vocês que me enviaram para cá, mas sim o próprio Deus [...]" (Gênesis 45.5,8).

José não usou os atos dos irmãos contra eles porque sabia que sua identidade não era moldada pelo passado nem pelas circunstâncias. Os propósitos de Deus para a vida desse líder eram maiores do que a maldade dos irmãos ou qualquer injustiça que ele tenha suportado. Por mais traumáticos que tenham sido os eventos que o levaram até lá, José sabia que estava exatamente onde deveria estar e que Deus era quem estava no controle de seu destino.

Já no Novo Testamento, uma das transformações mais marcantes é de Paulo, chamado também Saulo, seu nome hebraico. Antes de se converter e contribuir para o crescimento da igreja de Cristo, ele perseguia os cristãos. No capítulo 9 de Atos, encontramos o relato do momento em que ele se converteu. Daí em diante, Paulo mudou completamente e "começou a pregar nas sinagogas que Jesus é o Filho de Deus" (v. 20).

> **"Por mais traumáticos que tenham sido os eventos que o levaram até lá, José sabia que estava exatamente onde deveria estar e que Deus era quem estava no controle de seu destino.**

Antes, ele se dedicava à destruição da igreja; depois de se encontrar com Jesus, tornou-se um dos maiores exemplos de dedicação à pregação do evangelho e ao ensino da Palavra. Fez viagens missionárias que alcançaram pessoas de diversos países, o que resultou no crescimento da igreja. As contribuições de Paulo nos permitem aprender mais sobre o que é ter o caráter transformado por Deus e como viver os propósitos do Senhor sem estar presos ao passado.

Talvez hoje você se veja, de alguma forma, preso ao passado, seja às lutas, às injustiças cometidas contra você, ou às suas realizações. O passado não nos define nem nos molda, tampouco deve exercer domínio sobre nós. Podemos e devemos aprender com tudo o que já aconteceu conosco, pois há um propósito para todas as coisas segundo a supremacia e o poder de transformação que reside em Cristo, não em nós. Se quisermos viver o nosso propósito e os planos de Deus para nós, temos de seguir em frente, pela fé de que o Senhor tem coisas novas e extraordinárias para realizar na nossa vida e por intermédio dela. Por isso, eu o convido a se desconectar daquilo que o tem atrasado ou impedido de prosseguir.

Talvez você tenha de se reconciliar com alguém ou fazer as pazes com você mesmo a fim de se desprender do passado. Talvez seja necessário tratar feridas ainda abertas ou se libertar do peso da culpa, da vergonha, do medo e da dor. Ou, quem sabe, deva reconhecer que o que ficou lá atrás era bom, mas que existem coisas muito melhores à frente. Em todo caso, podemos nos inspirar no exemplo do apóstolo Paulo: "[...] esquecendo-me das coisas que ficaram para trás e avançando para as que estão adiante, prossigo para o alvo, a fim de ganhar o prêmio do chamado celestial de Deus em Cristo Jesus" (Filipenses 3.13,14).

> **Se quisermos viver o nosso propósito e os planos de Deus para nós, temos de seguir em frente, pela fé de que o Senhor tem coisas novas e extraordinárias para realizar na nossa vida e por intermédio dela.**

APLICAÇÃO

Reserve um momento para refletir sobre as experiências passadas que talvez estejam prendendo você. Identifique os sentimentos associados a essas experiências. Se necessário, desvincule-se dos hábitos que podem contribuir para que esses sentimentos continuem e se reconcilie com as pessoas que o feriram em algum momento. Por fim, peça a Deus que renove a sua mente e lhe dê a perspectiva das coisas novas que ele está prestes a realizar na sua vida.

Para memorizar

"Porque sou eu que conheço os planos que tenho para vocês" — declara o Senhor — "planos de fazê-los prosperar, não de causar dano, planos de dar a vocês esperança e um futuro."

Jeremias 29.11

ORAÇÃO

Querido Deus, obrigado por cuidar de mim e me sustentar até aqui com o teu cuidado e amor infalíveis. Ajuda-me a ver que a minha identidade está firmada em ti e que o meu passado não me define. Transforma a minha perspectiva e faz-me perceber que tu tens um propósito para a minha vida e planos para o meu futuro. Afasta todo medo, toda insegurança e tudo aquilo que me impede de seguir adiante. Dá-me forças, estratégias e sabedoria, Senhor, para desprender-me do passado de modo que este não exerça mais domínio sobre mim.

Amém.

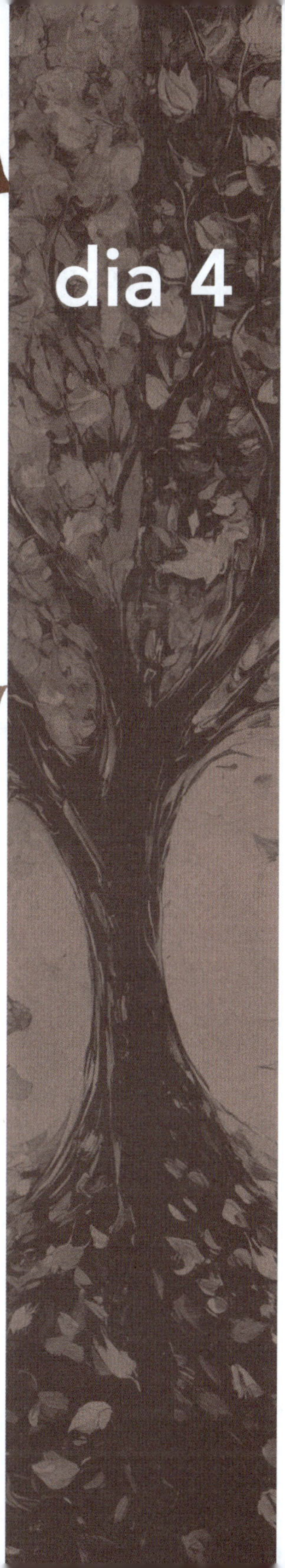

Tenha hábitos saudáveis

LEITURA BÍBLICA
1Coríntios 6.19,20

LEITURA COMPLEMENTAR
Daniel 1.8-17

Cada um de nós foi criado por Deus "de modo assombroso e admirável" (cf. Salmos 139.14). Cada um de nós, com características singulares, foi criado para um propósito único. Em sua infinita bondade, Deus nos capacita por seu Espírito a viver segundo esse propósito ao nos conceder as ferramentas necessárias para desenvolvermos todas as áreas: espiritual, relacional, mental e física.

Para vivermos uma vida agradável a Deus, precisamos adotar certos hábitos e zelar pela saúde em todos os aspectos. Assim como o corpo para ser saudável depende do bom funcionamento de todos os membros e órgãos, todas as áreas da nossa vida devem funcionar bem. Isso significa que, para ter saúde nos relacionamentos, por exemplo, precisamos ter saúde espiritual e mental. De igual modo, se desejamos ter saúde mental, a nossa saúde espiritual e física devem estar em bom estado.

É importante que sejamos intencionais em desenvolver hábitos saudáveis. Em 1Coríntios 10.31, está escrito: "Assim, quer vocês comam, quer bebam, quer façam qualquer outra coisa, façam tudo para a glória de Deus". Tudo o que fazemos, não importa se é uma atividade rotineira ou de outro tipo, deve ser feito para glorificar a Deus, o que inclui escolhas do que comer, beber, vestir, quanto tempo dormir, com quem nos relacionar, que conteúdo consumir e assim por diante.

Existem alguns hábitos que você pode incorporar à sua rotina para se aproximar do seu propósito e das coisas grandiosas que Deus deseja realizar na sua vida e por seu intermédio. Com relação ao desenvolvimento espiritual, é muito importante cultivar uma vida de leitura bíblica, oração e adoração. Todo cristão precisa ter seu momento de intimidade com Deus, o que chamamos de devocional. É nesses momentos que aprofundamos a fé e a comunhão com o Senhor.

Todo cristão precisa ter seu momento de intimidade com Deus, o que chamamos de devocional.

John Wesley, em um de seus sermões, afirmou que, assim como uma pessoa não pode parar de respirar, também não pode parar de orar.[1]

[1] Ver John Wesley: Wesley's Notes on the Bible - Christian Classics Ethereal Library. Disponível em: https://www.ccel.org/ccel/wesley/notes.i.xiv.vi.html. Acesso em: 13 fev. 2025.

Precisamos passar a ver a oração como parte tão vital da nossa vida quanto a respiração. Sem respiração, perecemos; sem oração, o espírito perece, pois fomos criados para nos relacionar com o Criador.

Muitos têm dificuldade para orar, por pensarem que o Deus a quem se dirigem está distante. A Bíblia, porém, nos diz que o Senhor está perto daqueles que o invocam em verdade (cf. Salmos 145.18) e nos instrui a orar sem cessar (cf. 1Tessalonicenses 5.17). Ainda que seja difícil iniciar essas práticas, encorajo você a buscar uma vida de intimidade com Deus por meio da leitura bíblica, da oração e da adoração. Do mesmo modo que você se dedica a estar com os seus familiares e amigos, assim como prioriza estar com aqueles a quem ama, empenhe-se cada vez mais a estar na presença de Deus e o tenha como prioridade.

> **Do mesmo modo que você se dedica a estar com os seus familiares e amigos, assim como prioriza estar com aqueles a quem ama, empenhe-se cada vez mais a estar na presença de Deus e o tenha como prioridade.**

Além de nos criar para termos um relacionamento com ele, Deus nos criou para nos relacionarmos com outras pessoas (v. Gênesis 2.18, Eclesiastes 4.9-12). Não fomos feitos para viver sozinhos e distantes, mas para criar vínculos, cooperar uns com os outros e nos edificar mutuamente. Então, é importante que nos relacionemos e cuidemos desses relacionamentos.

Para manter a saúde relacional, precisamos ter responsabilidade para com o próximo no que dizemos e fazemos, sendo transparentes, honestos e compassivos. A instrução de Paulo aos romanos também é aplicável a nós hoje:

> Abençoem aqueles que os perseguem; abençoem-nos, não os amaldiçoem. Alegrem-se com os que se alegram e chorem com os que choram. Tenham a mesma atitude uns para com os outros; não sejam

> arrogantes, mas estejam dispostos a associar-se a pessoas humildes. Não sejam sábios aos seus próprios olhos. Não paguem a ninguém o mal com o mal. Procurem agir corretamente diante de todos os homens. Se possível, naquilo que depender de vocês, vivam em paz com todos os homens (Romanos 12.14-18).

É importante também escolher bem as pessoas com quem nos relacionamos, com o cuidado de não fazer parte de grupos que ajam de maneira contrária à vontade de Deus, pois "as más companhias corrompem os bons costumes" (cf. 1Coríntios 15.33).

Uma área da vida que deve receber atenção especial é a da saúde mental. Por muito tempo, esse aspecto foi negligenciado; no entanto, para ter uma vida saudável e equilibrada, é indispensável cuidar da saúde mental, que é tão facilmente afetada por circunstâncias externas e internas. Muitas vezes, problemas no trabalho, conflitos nos relacionamentos, crises de identidade e de autoestima e dilemas da fé podem prejudicar o bem-estar emocional e psicológico.

Por isso, é tão importante desenvolver uma rotina equilibrada, com momentos de lazer, descanso e autocuidado, para que não nos sintamos sobrecarregados. Além disso, é importante encontrar métodos para reduzir o estresse e a preocupação, como atividades criativas que nos conectem com Deus Pai em oração e autoavaliação, pois ele é quem pode nos dar a paz de que precisamos. Em alguns casos, é necessário buscar apoio de líderes e ajuda profissional para poder tratar questões próprias da saúde mental. Outra grande aliada é a prática de exercícios físicos, que, além de essenciais para a saúde física, também contribuem para a redução do estresse, a melhora da autoconfiança e a liberação de substâncias que promovem a sensação de bem-estar.

> **"É importante encontrar métodos para reduzir o estresse e a preocupação, como atividades criativas que nos conectem com Deus Pai em oração e autoavaliação.**

O objetivo da prática de atividades físicas vai muito além da estética. Trata-se de prevenir doenças, aumentar a força, a resistência e a flexibilidade, e fortalecer o sistema imunológico, entre outros benefícios. De igual modo, ter uma alimentação balanceada e um ciclo de sono regrado contribuem para a saúde física.

Por mais básico que pareça, muitos negligenciam os cuidados com o corpo, seja por falta de tempo, seja por falta de recursos, ou até mesmo a preguiça. Contudo, conforme as nossas possibilidades e limitações, devemos fazer o possível para manter um estilo de vida ativo e desenvolver práticas saudáveis de alimentação, hidratação, higiene e sono.

Devemos nos lembrar de que o cuidado com o corpo não se trata de vaidade nem superficialidade; pelo contrário, a Bíblia diz que o corpo é o templo do Espírito Santo (cf. 1Coríntios 6.19,20). Assim, devemos fazer o que estiver ao nosso alcance para cuidar do corpo e manter sua integridade, força, saúde e pureza, bem como usá-lo somente de maneiras que glorifiquem a Deus. Vale lembrar que toda prática de exercícios deve ser consciente e orientada por profissionais, a fim de prevenir situações que possam nos colocar em risco, como práticas perigosas e hábitos destrutivos. Cuide do corpo que Deus lhe deu o melhor que puder.

> **Conforme as nossas possibilidades e limitações, devemos fazer o possível para manter um estilo de vida ativo e desenvolver práticas saudáveis de alimentação, hidratação, higiene e sono.**

O autor e pastor Rick Warren afirma: "Você foi feito por Deus e para Deus — e, enquanto não compreender isso, a vida jamais terá sentido".[2] Todas essas partes da vida, integradas, formam quem somos.

[2] WARREN, Rick. **Uma vida com propósitos**: para que estou na terra? 4. ed. São Paulo: Vida, 2022.

Todas foram criadas por Deus, que nos dá os recursos necessários para cuidar de cada uma, a fim de podermos cumprir o propósito que nos foi dado por ele.

O profeta Daniel é um dos exemplos bíblicos de equilíbrio e integridade. Vemos sua fidelidade a Deus em todos os aspectos da vida: quando foi levado para a Babilônia, junto de Sadraque, Mesaque e Abede-Nego, decidiu não se contaminar com os alimentos e o vinho servidos no palácio. Embora sua decisão estivesse baseada na Lei de Moisés de não consumir nada impuro, teve impacto em sua saúde física, porque, ao se alimentar somente de legumes e beber apenas água, após dez dias, os quatro "pareciam mais saudáveis e mais fortes do que todos os jovens que comiam a comida do rei" (Daniel 1.15).

Tudo na vida de Daniel — alimentação, prática de oração e meditação (6.10,11), sua fé em Deus mesmo em meio a dificuldades (6.22) — reflete fidelidade ao Senhor e ao propósito que lhe fora confiado. Como templo do Espírito Santo, devemos agir da mesma forma e desenvolver hábitos que demonstrem a nossa fidelidade e obediência a Deus em todas as áreas da vida.

APLICAÇÃO

Trace estratégias para desenvolver hábitos saudáveis em cada área da sua vida e comece a colocá-los em prática hoje mesmo.

Para memorizar

Assim, quer vocês comam, quer bebam, quer façam qualquer outra coisa, façam tudo para a glória de Deus.

1Coríntios 10.31

ORAÇÃO

Meu Deus, eu te agradeço porque me criaste e tens me sustentado e guardado a cada dia. Que eu possa te louvar e te engrandecer com todo o meu ser e com tudo o que sou. Ajuda-me a cumprir o meu propósito e a ser fiel a ti em todas as coisas.

Capacita-me a desenvolver hábitos saudáveis e a ter um estilo de vida equilibrado. Guia cada uma das minhas decisões e me fortalece nas áreas em que ainda tenho dificuldades.

Em nome do Senhor Jesus, amém.

Sirva mais

dia 5

LEITURA BÍBLICA

João 13.1-17

Enquanto muitas pessoas vivem uma busca desenfreada por satisfação e por alcançar posições de liderança, autoridade e poder, a vida de Jesus na terra nos ensina o que devemos de fato buscar se desejamos ser seus discípulos. Uma das características mais marcantes do seu ministério é que, apesar de ser Senhor, ele veio para servir. Segundo o apóstolo Paulo, Cristo "esvaziou a si mesmo, assumindo a forma de servo" (cf. Filipenses 2.7).

Servir é, antes de tudo, um ato de amor e uma resposta ao amor de Deus por nós. Não servimos porque somos obrigados, e sim porque amamos a Deus. No momento da conversão, aceitamos Jesus como Senhor, isto é, reconhecemos sua soberania e estabelecemos o compromisso de servi-lo.

Desse momento em diante, a vida não pode mais girar em torno das nossas necessidades ou dos nossos anseios. Em vez de buscar prazeres individuais, temos de reconhecer que não somos mais donos de nós mesmos, mas estamos a serviço de alguém maior, Jesus, o nosso Senhor. E essa decisão não é tomada com relutância ou pesar, mas com determinação e alegria, pois não há nada mais gratificante do que viver para servir àquele que nos deu vida e salvação.

> **Não servimos porque somos obrigados, e sim porque amamos a Deus.**

De acordo com o teólogo Billy Graham, a vida cristã deve ter estas prioridades: Deus em primeiro lugar, o próximo em segundo, e nós em terceiro.[1] Desse modo, o nosso serviço também deve se estender às outras pessoas. Em sua vida terrena, Jesus não serviu somente a Deus, mas também à humanidade. Em certa ocasião, pouco antes de ser crucificado, Jesus estava reunido com os discípulos, e o jantar estava sendo servido. De maneira inesperada, o Senhor se levantou, tirou a capa e colocou uma toalha em volta da cintura. Em seguida, começou a lavar os pés dos discípulos e a enxugá-los com a toalha (João 13.3-5).

Naquela época, tratava-se de uma prática de hospitalidade muito comum realizada pelos escravos. Ao lavar os pés dos discípulos, Jesus assumiu a posição de servo. Mais adiante, explicou seu gesto:

> — Vocês me chamam "Mestre" e "Senhor", e com razão, pois eu o sou. Pois bem, se eu, sendo Senhor e Mestre de vocês, lavei os pés de

---

[1] Ver Blogue da Biblioteca Billy Graham. 10 citações de Billy Graham sobre viver a vida cristã. 10/10/2022. Disponível em: https://billygrahamlibrary-org.translate.goog/blog-10-quotes-from-billy-graham-on-living-the-christian-life/?_x_tr_sl=en&_x_tr_tl=pt&_x_tr_hl=pt&_x_tr_pto=tc. Acesso em: 13 fev. 2025.

vocês, então vocês também devem lavar os pés uns dos outros. Eu dei o exemplo, para que, como eu fiz, também o façam (João 13.13-15).

Portanto, Jesus, aquele que ocupa a mais alta posição, se rebaixou à posição de servo para nos ensinar como viver. Ele estabeleceu o padrão que devemos seguir uma vez que escolhemos ser seus discípulos.

A nossa inclinação natural como seres humanos é querer elogios, mordomias e privilégios. Um exemplo disso é que Tiago e João, discípulos de Jesus, certa vez, apresentaram ao Mestre um pedido ousado: "Permite-nos que, na tua glória, nos sentemos um à tua direita e o outro à tua esquerda" (Marcos 10.37). Entretanto, eles não sabiam que, se quisessem ser participantes da glória de Cristo, teriam de ser também participantes de seu sofrimento.

Jesus explicou-lhes que, neste mundo, os líderes dominam e oprimem, mas não é assim que funciona no Reino de Deus: "Quem quiser tornar-se importante [...] deverá ser servo, e quem quiser ser o primeiro deverá ser servo de todos. Pois nem mesmo o Filho do homem veio para ser servido, mas para servir e dar a sua vida em resgate por muitos" (v. 43b-45), ou seja, seguir Jesus não significa dominar o próximo, mas servi-lo.

> **Seguir Jesus não significa dominar o próximo, mas servi-lo.**

O serviço sincero, feito por amor, nos aproxima de Jesus. Se quisermos ter um caráter cada vez mais semelhante ao dele, precisamos seguir seu exemplo e servir, colocando vida, recursos, talentos, tempo e vontade à disposição do Reino de Deus. Em sua primeira Carta, Pedro nos instrui: "Cada um exerça o dom que recebeu para servir aos outros, administrando fielmente a graça de Deus nas suas múltiplas formas" (1Pedro 4.10).

Há diversas maneiras pelas quais podemos servir no nosso dia a dia. Além das práticas diárias de oração, leitura da Bíblia e adoração, podemos oferecer a Deus tempo e habilidades em serviço voluntário, a fim de glorificá-lo e de contribuir para o crescimento do Reino. Mais do que recursos, o Senhor deseja que entreguemos a ele um coração sincero, devoto e íntegro.

> **O único motivo pelo qual sou capaz de servir e ajudar outras pessoas hoje é porque encontrei o amor de Deus Pai.**

A forma que encontrei para utilizar toda a dor que eu havia sentido pela rejeição paterna, pela infância turbulenta e pelo *bullying* foi a criação de projetos sociais para ajudar pessoas que vivem situações semelhantes às que vivi. Encontrei nesses projetos espaço para exercer o amor e o cuidado que eu gostaria de ter recebido na infância e na adolescência. O único motivo pelo qual sou capaz de servir e ajudar outras pessoas hoje é porque encontrei o amor de Deus Pai, um amor que cura as mais profundas feridas, transforma histórias e nos capacita a amar.

Você não precisa dar início a um projeto social ou a uma instituição para servir e ajudar outras pessoas. Existem diversas maneiras de prestar auxílio e serviços voluntários, tanto em projetos e ministérios já existentes quanto no contato individual com as pessoas com as quais você já se relaciona.

Se olharmos ao redor, encontraremos muitos que precisam de ajuda, cuidado e atenção, desde familiares e amigos próximos até aqueles que ainda não conhecemos, mas carecem de alguém que olhe para eles com amor e prontidão para servir. Podemos oferecer-lhes apoio, escuta, oração e contribuição. Muitas vezes, ao separar uma peça de roupa para doar, ao entregar um alimento ou item de higiene pessoal, fazemos bem mais do que meras palavras poderiam fazer.

E, muito mais simples do que isso, podemos sorrir e falar de modo amigável com um atendente, segurar a porta do elevador para que alguém possa entrar, ceder o nosso lugar no transporte público ou aguardar até que um pedestre atravesse a rua, ser compreensivos e pacientes com alguém que cometeu um erro, e elogiar o esforço de outra pessoa. Todos esses pequenos gestos são formas de servir.

Outras vezes, porém, estaremos em situações nas quais o serviço exigirá mais de nós. Nesses momentos, se nos lembrarmos do grande ato de serviço e amor realizado por Jesus Cristo, ao sacrificar sua vida para nos resgatar, seremos encorajados a servir de bom grado. Em Atos 20.35, lemos: "[...] é preciso trabalhar arduamente para ajudar os que estão em necessidade, lembrando as palavras do próprio Senhor Jesus, que disse: 'Mais bem-aventurada coisa é dar do que receber' ".

APLICAÇÃO

Encontre uma forma de servir a alguém hoje. Talvez você possa preparar uma refeição para alguém cansado ou enlutado, voluntariar-se em algum projeto, doar brinquedos, roupas ou cobertas em bom estado para um necessitado, contribuir para um programa de ação social, abraçar quem precisa de consolo, ser gentil.

Para memorizar

Dediquem-se uns aos outros com amor fraternal, preferindo dar honra aos outros mais do que a vocês.

Romanos 12.10

ORAÇÃO

Senhor Jesus, eu te agradeço porque tu és o meu maior exemplo de vida. Ensina-me a seguir os teus caminhos e a demonstrar amor a Deus e ao próximo por meio do serviço que vem primeiramente do coração. Que as minhas ações sejam genuínas e verdadeiras, não para o meu próprio engrandecimento, mas para a tua glória. Ajuda-me a ser mais parecido contigo e a viver para agradar ao Pai.

Amém.

Seja otimista

dia 6

LEITURA BÍBLICA
1Samuel 17.32-37

Cada vez mais, o pessimismo toma conta da sociedade. Os noticiários estão tomados por tragédias, crises e conflitos; as redes sociais, por críticas, notícias falsas e desespero. Diante desse cenário, é fácil sermos levados a perder a esperança e o otimismo. Entretanto, aqueles cuja esperança está no Senhor não são abatidos nem desencorajados.

O pessimismo pode provocar dúvidas e descrença com relação a quem somos e a quem Deus é, bem como abalar a nossa confiança nele. O desespero e o desânimo decorrentes dessa perspectiva negativa nos fazem focar apenas nos problemas e dificuldades, e, como consequência, enfraquecem a nossa fé e esperança.

No entanto, a nossa esperança não pode ser roubada pelas adversidades ou pelos desastres que acontecem no mundo; ela deve estar firmada no Senhor. A Palavra nos ensina a lidar com as dificuldades de outra perspectiva, a fim de que não sejamos enfraquecidos e continuemos a confiar que Deus está presente em todos os momentos, em todos os cenários.

Em vez de permitir que os conteúdos de noticiários e redes sociais dominem a nossa mente e determinem a nossa perspectiva, devemos buscar o conhecimento da Bíblia e uma vida de oração e intimidade com Deus. Assim, saberemos o que é de fato o otimismo, não apenas com palavras positivas lançadas ao vento, mas fundamentados nas verdades imutáveis e transformadoras das Escrituras.

A nossa esperança não pode ser roubada pelas adversidades ou pelos desastres que acontecem no mundo; deve estar firmada no Senhor.

Temos de ajustar o nosso modo de pensar conforme o conselho do apóstolo Paulo em Filipenses 4.8: "Finalmente, irmãos, pensem em tudo o que for verdadeiro, tudo o que for digno de respeito, tudo o que for justo, tudo o que for puro, tudo o que for amável, tudo o que for de boa fama, em tudo o que houver alguma virtude ou algo de louvor". Essa exortação para nos concentrarmos nas boas dádivas de Deus pode nos ajudar a ter paz mesmo quando sofremos ou enfrentamos batalhas, perseguições e inseguranças.

Uma história bíblica muito conhecida mostra como a decisão de olhar além das impossibilidades pode nos levar à vitória. Davi, o filho caçula de Jessé, não se amedrontou; ele enfrentou o gigante Golias. Enquanto guerreiros experientes e mais fortes fugiram do desafio do gigante filisteu, o jovem pastor de ovelhas não se deixou abater; pelo contrário, ele disse a Saul: "Ninguém deve ficar com o coração abatido por causa desse filisteu" (cf. 1Samuel 17.32). Assim também é a forma de agir dos otimistas: eles encorajam os demais e os ajudam a não desanimar diante de desafios.

Quando Saul disse a Davi que ele não poderia lutar contra Golias por ser jovem (v. 33), o rapaz não recuou. Pelo contrário, respondeu:

> [...]
> — Eu, o teu servo, apascentava as ovelhas do meu pai; quando vinha um leão ou um urso e levava uma ovelha do rebanho, eu saía atrás dele, o feria e livrava a ovelha da sua boca. Quando ele se levantava contra mim, eu o segurava pela juba e lhe dava golpes até matá-lo. O teu servo pôde matar um leão e um urso; esse filisteu incircunciso será como um deles, pois desafiou os exércitos do Deus vivo. Davi concluiu: "O Senhor que me livrou das garras do leão e das garras do urso me livrará das mãos desse filisteu".
> Diante disso, Saul disse a Davi:
> — Vá, e que o Senhor esteja com você (1Samuel 17.34-37).

Muitos de nós provavelmente ficaríamos intimidados caso alguém duvidasse de nós; Davi, porém, sabia quem era e, mais importante, sabia que o Senhor o capacitaria a derrotar o adversário. A visão negativa das outras pessoas não pode influenciar a nossa percepção se tivermos convicção de quem somos e de quem é o nosso Deus.

> **A nossa perspectiva deve ser moldada pela fé, não pelo que os outros dizem nem pelas circunstâncias.**

Mais adiante, ao se apresentar ao filisteu, Davi não cedeu às provocações ou às tentativas de intimidação. Tampouco fugiu ou estremeceu ao se deparar com o tamanho, a força ou as armas do oponente, mas permaneceu confiante de que o Senhor estaria com ele e lhe daria vitória. Em seu discurso, disse: "Você vem contra mim com espada, com lança e com dardos, mas eu vou contra você em nome do Senhor dos Exércitos" (v. 45).

A reverência e a determinação de Davi nos ensinam que, ainda que estejamos diante de desafios inimagináveis e aparentemente impossíveis, com o Senhor ao nosso lado somos vitoriosos. Segundo a holandesa Corrie ten Boom, "a fé vê o invisível, crê no inacreditável e recebe o impossível".[1] Assim, a nossa perspectiva deve ser moldada pela fé, não pelo que os outros dizem nem pelas circunstâncias. Precisamos ter certeza de que Deus tem um plano para cada um de nós e sabe usar até as maiores dificuldades como ferramenta para crescermos e nos fortalecermos na fé.

Na continuidade do discurso, Davi afirmou: "Hoje mesmo o Senhor o entregará nas minhas mãos [...], e toda a terra saberá que há Deus em Israel" (v. 46). Quando a nossa percepção da realidade é otimista, entendemos que toda situação pode servir para a glória do Senhor. Esse testemunho também permite que outras pessoas provem da bondade de Deus e tenham uma visão transformada.

Ser otimista não é o mesmo que negar, menosprezar ou negligenciar a realidade e as circunstâncias ao nosso redor, tampouco implica desconsiderar a dor e o sofrimento pelos quais passamos. Ser otimista significa entender que Deus está conosco em todos os momentos e nele estão a nossa força e segurança. Como está escrito em Josué 1.9: "[...] Não se apavore nem desanime, pois o Senhor, o seu Deus, estará com você por onde você andar". De igual modo, o otimismo não envolve nos isolar

> **Ser otimista significa entender que Deus está conosco em todos os momentos e nele estão a nossa força e segurança.**

[1] MCDANIEL, Débora. 40 citações poderosas de Corrie Ten Boom. Crosswalk. Atualizado em 24/10/2024. Disponível em: https://www-crosswalk-com.translate.goog/faith/spiritual-life/40-powerful-quotes-from-corrie-ten-boom.html?_x_tr_sl=en&_x_tr_tl=pt&_x_tr_hl=pt&_x_tr_pto=tc. Acesso em: 13 fev. 2025.

e nos distanciar daqueles que enfrentam dificuldades, e sim a estender a mão aos que precisam e mostrar que há esperança para os aflitos, perdidos e cansados.

No nosso tempo, o desafio não é um gigante bárbaro, mas pequenas e grandes dificuldades que se apresentam a cada dia. Podemos olhar para elas como empecilhos que tentam nos derrubar ou como oportunidades para demonstrar a nossa confiança em Deus e testemunhar a outras pessoas.

Por muito tempo, a dor e a tristeza que eu vivi me incapacitaram de ver o mundo com outro olhar que não o de desolação. Quando criança, não conheci o amor paterno; eu tinha apenas a figura de um pai violento e agressivo, em virtude de sua dependência do álcool. A falta desse amor gerou em mim feridas profundas que, por muito tempo, contaminaram a minha percepção a respeito da vida, a ponto de roubar os meus sonhos e a minha esperança.

> **O otimismo não envolve nos isolar e nos distanciar daqueles que enfrentam dificuldades, e sim a estender a mão aos que precisam e mostrar que há esperança para os aflitos, perdidos e cansados.**

Quando conheci o amor de Deus Pai, a minha perspectiva foi transformada. Aprendi que poderia usar o meu testemunho para edificar, encorajar e fortalecer pessoas que viveram situações semelhantes, para que também conhecessem o amor e a bondade de Deus.

Os noticiários continuarão a transmitir tragédias, crises e conflitos, e as redes sociais, críticas, notícias falsas e desespero. Por mais que devamos nos importar com o que acontece, não desanimaremos nem nos deixaremos abalar se prosseguirmos pela certeza de que "todas as coisas contribuem juntamente para o bem de todos aqueles que amam a Deus, dos que foram chamados de acordo com o seu propósito" (Romanos 8.28).

APLICAÇÃO

Adote a prática de começar cada dia com uma atitude inspiradora. Ao se levantar da cama, pense em três motivos pelos quais você é grato. Em seguida, faça uma oração para consagrar o seu dia ao Senhor e agradecer pelas bênçãos.

Para memorizar

"Por isso, não tema, pois estou com você; não tenha medo, pois sou o seu Deus. Eu o fortalecerei e o ajudarei; eu o segurarei com a destra da minha justiça."

Isaías 41.10

ORAÇÃO

Pai querido, eu te agradeço por tantas bênçãos que me deste e pelo propósito que me confiaste. Os tempos são maus, então me ajuda a ter em mente as tuas dádivas e a jamais me esquecer da tua misericórdia, graça e amor infindáveis.

Transforma a minha perspectiva, para que eu não seja abalado pelas circunstâncias, mas que eu continue a confiar em ti e a testemunhar os teus feitos.

Em nome de Jesus, amém.

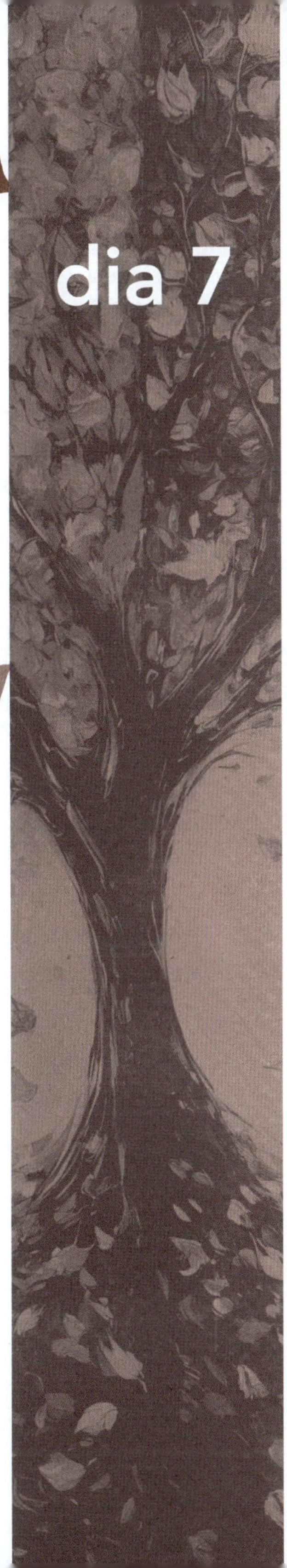

dia 7

Não dê ouvidos a vozes

LEITURA BÍBLICA

Marcos 5.21-24,35-43

Ao longo da vida, muitas vozes tentam nos impedir de prosseguir; vozes da nossa cabeça, vozes de outras pessoas, vozes das adversidades. Com o tempo, elas se tornam tudo o que ouvimos e acreditamos. No entanto, se desejamos viver os planos de Deus, temos de romper com o ciclo de mentiras que ecoam nos nossos ouvidos, mentiras sobre nós e sobre o caráter de Deus.

Por muito tempo, carreguei o fardo de diversas mentiras a meu respeito, tomando-as como verdades. Acreditei tanto em rejeição, orfandade, insegurança, amargura, fracasso, isolamento que tudo isso se tornou a minha experiência. Cheguei a pensar que não havia nada além disso para mim. Tudo mudou quando aprendi a ouvir a voz correta.

Em determinada ocasião, havia uma multidão reunida ao redor de Jesus quando Jairo, um dos líderes da sinagoga, se aproximou. Desesperado, ele se prostrou aos pés do Senhor e implorou que o Mestre fosse até sua filha, que estava padecendo, e impusesse as mãos nela para que fosse curada. A atitude de Jairo, um homem influente, mostra humildade, reverência e fé. Assim também nós, despidos da arrogância e soberba, devemos nos colocar na presença de Jesus e apresentar-lhe o nosso clamor.

Devemos nos colocar na presença de Jesus e apresentar-lhe o nosso clamor.

Algo mais nos chama a atenção nessa história. O texto de Marcos 5 nos mostra que "Jesus foi com ele" (v. 24), todavia a multidão o seguia e o comprimia. Em razão disso, a caminhada até a casa de Jairo se prolongou. Aquele pai estava desesperado, pois a filha não teria muito tempo de vida e somente um milagre poderia salvá-la. Por isso, ele se aproximou do Senhor Jesus, sua última esperança. A caminho de casa, porém, foram interrompidos por uma aglomeração. A Bíblia não relata se Jairo disse algo ou o que sentiu naquele momento, mas podemos nos colocar no lugar dele e imaginar sua agonia e angústia. No entanto, esse relato bíblico serve para nós de lembrete de que Deus jamais se atrasa, ainda que pensemos que a espera é longa.

No versículo 35, o pai angustiado recebe a notícia devastadora: "A tua filha morreu. Por que ainda incomodas o Mestre?". Jesus, por sua vez, ignorou essa notícia e disse ao líder da sinagoga: "Não tenha medo; apenas creia" (v. 36). De um lado, vemos a voz daqueles cuja esperança fora ceifada pela morte; de outro, temos Jesus dizendo ao homem que devia crer. Jairo não cedeu à voz da desolação; ele escolheu acreditar na voz do Senhor.

Em certos momentos da vida, pensamos que não há mais esperança e que tudo está perdido. Nessas situações, devemos escolher a qual voz dar ouvidos: as vozes contrárias ou a voz de Jesus? Muitas vezes, a falta de fé ou os pensamentos negativos nos dizem que não há por que clamar e que não temos motivos para incomodar Jesus, pois ele jamais se incomodaria com as súplicas sinceras daqueles que se apresentam a ele. Quando tudo grita que não há mais possibilidades, Jesus simplesmente diz: "Não tenha medo; apenas creia".

Quando tudo grita que não há mais possibilidades, Jesus simplesmente diz: "Não tenha medo; apenas creia".

Precisamos substituir todas as outras vozes pela única voz à qual devemos dar ouvidos em todo tempo: a voz do Senhor. Ele jamais engana, mente ou falha. Não importa quão irremediável uma circunstância pareça, Deus tem poder para realizar o que é impossível para nós: "[...] para Deus todas as coisas são possíveis" (Mateus 19.26).

Jesus acompanhou Jairo até sua casa, onde muitos choravam e lamentavam. Ao ver isso, o Mestre disse: "Por que todo este alvoroço e lamento? A criança não está morta, mas dorme" (Marcos 5.39b). Em resposta, recebeu incredulidade e ridicularização. Entretanto, nem Jesus nem Jairo foram impedidos por essa reação negativa; pelo contrário, o Senhor prosseguiu com os pais da menina e os discípulos que o acompanhavam até o quarto onde a garota se encontrava. Ele a tomou pela mão e ordenou que se levantasse, e assim aconteceu.

Jairo ouviu a voz de Jesus — "Não tenha medo; apenas creia" — e contemplou um milagre: a bênção inimaginável de ter a filha de volta. Quando o líder da sinagoga decidiu dar ouvidos à voz certa, não às palavras desencorajadoras de outras pessoas, o destino de sua família foi transformado. Igualmente, o seu destino pode sofrer uma reviravolta quando você decidir ouvir a voz do Senhor e crer nele.

Muitos serão os descrentes que encontraremos ao longo do caminho, mas não podemos desanimar pela falta de fé de outros. Temos de continuar acreditando no poder de Deus, ainda que ninguém mais ao redor o faça. Não desista de clamar e de buscar a presença, o consolo e a cura de Jesus; confie nele em todo tempo, ainda que você enfrente dificuldades e oposição.

> **O seu destino pode sofrer uma reviravolta quando você decidir ouvir a voz do Senhor e crer nele.**

Este é o momento de escolher a que voz você deseja dar ouvidos e acreditar nela de agora em diante. Uma vez que souber ouvir a voz do Senhor, toda a sua vida será transformada, pois as suas crenças a respeito de você mesmo, a respeito do mundo e a respeito do caráter de Deus não estarão fundamentadas no que outros dizem ou no que você mesmo pensa, mas em verdades imutáveis e infalíveis.

Eu me libertei das mentiras que me mantinham cativo quando deixei de dar ouvidos às inverdades que, por tanto tempo, me dominaram e moldaram. Quando comecei a me relacionar com Deus e a ouvir a sua voz, descobri que a minha identidade não era determinada pelo que acontecera comigo, pelo que diziam ou pensavam a meu respeito. Deixei de ser parceiro das mentiras e comecei a fazer parceria com as verdades de Deus. Tudo em minha vida mudou quando descobri a minha identidade e o meu propósito, e eu não poderia ter conseguido essa transformação se continuasse a dar tanta importância a outras vozes.

Você também pode calar as vozes de insegurança, ansiedade, baixa autoestima, medo e tudo o que tem aprisionado e oprimido você; basta aprender a discernir a voz de Deus. A melhor forma de buscar discernimento é pela leitura da Bíblia e pelo relacionamento constante e íntimo com Deus por meio da oração.

Sempre que se sentir desencorajado, desmotivado, amedrontado ou em dúvida, busque sabedoria no que Deus diz a seu respeito nas Escrituras, para que você não seja confundido ou enganado por mentiras. Além disso, precisamos conhecer a voz de Deus se quisermos distingui-la das demais, e não podemos fazê-lo sem construir um relacionamento de intimidade com ele. Assim, você aprenderá a dar ouvidos somente à voz do Senhor.

"Sempre que se sentir desencorajado, desmotivado, amedrontado ou em dúvida, busque sabedoria no que Deus diz a seu respeito nas Escrituras.

APLICAÇÃO

Reflita sobre as mentiras e os pensamentos enganosos com relação à sua identidade e ao caráter de Deus que têm impedido você de prosseguir. Como você pode responder a essas mentiras com verdades bíblicas?

Por exemplo, se costuma pensar ou ouvir alguém dizer que você não é amado, há diversos versículos da Bíblia que contradizem esse pensamento, como Salmos 59.17, João 3.16, Romanos 5.8 e 1João 3.1.

Para memorizar

— As minhas ovelhas ouvem a minha voz; eu as conheço, e elas me seguem.

João 10.27

ORAÇÃO

Senhor, ajuda-me a ouvir a tua voz e a não dar ouvidos ao que dizem sobre mim ou aos meus próprios pensamentos que deturpam a minha visão de mim mesmo e de quem tu és. O meu desejo é confiar em ti e não me apoiar no meu próprio entendimento nem ser dominado por mentiras e enganos. Dá-me sabedoria e discernimento para reconhecer o que vem de ti e o que não vem. Que eu confie em ti ainda que as circunstâncias pareçam impossíveis ou que outras pessoas tentem me desencorajar.

Amém.

dia 8

Aprenda a lidar com as críticas

LEITURA BÍBLICA
Êxodo 17.1-7

Nunca foi tão fácil expor opinião, positiva ou negativa, quanto nos nossos dias. Receber críticas muitas vezes abala a nossa autoestima e autoconfiança, a ponto de questionarmos a nossa aparência e inteligência, as nossas capacidades e os nossos talentos. Em alguns casos, as críticas recebidas são construtivas, ou seja, úteis para o nosso crescimento e desenvolvimento; em outros momentos, porém, não têm outro propósito senão nos ferir e irritar. No entanto, em ambas as situações, precisamos aprender a ser sábios ao lidar com as críticas.

O primeiro passo é discernir a natureza da crítica. Precisamos ouvir o que nos é dito e analisar se de fato há algo que precisa ser mudado na nossa conduta a fim de sermos mais semelhantes a Cristo. Uma crítica construtiva nunca é pejorativa e sempre tem embasamento sólido. Por isso, precisamos buscar sabedoria e orientação de Deus para que ele nos mostre quando a opinião de outra pessoa é válida e visa ao nosso crescimento.

Ninguém gosta de ser criticado ou cobrado, mas a Bíblia nos ensina que o sábio ouve a repreensão e a aceita, ao passo que o tolo odeia ser corrigido (cf. Provérbios 12.1, 15.31,32). Portanto, identificar quando a crítica equivale a uma correção nos ajuda a andar no caminho certo. Precisamos entender que a repreensão bem fundamentada é, sobretudo, uma demonstração de amor.

Além disso, precisamos avaliar quem foi a pessoa que teceu as críticas. Por exemplo: Essa pessoa compartilha os meus valores? Ela entende que vivo por um propósito? Está preocupada comigo ou quer apenas me insultar? Muitas vezes, ouvimos conselhos ou comentários de líderes, amigos e familiares que para nós soam como críticas infundadas, mas, na verdade, têm o objetivo de nos ajudar a melhorar. Por outro lado, com frequência damos ouvidos a opiniões negativas e acabamos magoados, irritados ou até nos desviamos dos planos de Deus por influência de terceiros.

> **Precisamos buscar sabedoria e orientação de Deus para que ele nos mostre quando a opinião de outra pessoa é válida e visa ao nosso crescimento.**

Depois de analisar esses aspectos e conferir que se trata de uma crítica construtiva, é necessário que busquemos maneiras de mudar e nos aprimorar. Podemos fazer isso de diversas formas. Em primeiro lugar, procurando as instruções do Senhor na Bíblia e em oração. Diversos ensinamentos bíblicos nos mostram qual deve ser a conduta de um cristão fiel, e estes podem ser a resposta de que precisamos.

Quando, porém, constatamos que a crítica não é útil para a nossa edificação, não podemos nos deixar levar ou ser abalados. Devemos, antes de tudo, conversar com Deus em oração e pedir por direcionamento, como Moisés o fez ao ouvir as queixas dos israelitas inúmeras vezes. Em diversos momentos, os israelitas se voltaram contra a liderança designada pelo Senhor e murmuraram. Contudo, Moisés, como servo fiel, buscava a orientação divina para saber como prosseguir perante as críticas.

Em certa ocasião, os israelitas se voltaram contra Moisés e exigiram: "Dê-nos água para beber" (cf. Êxodo 17.2) e "Por que você nos tirou do Egito? Foi para matar de sede a nós, aos nossos filhos e aos nossos rebanhos?" (v. 3). Moisés, por sua vez, voltou-se para o Senhor em clamor, ainda que a escassez de água não fosse sua culpa, tampouco uma falha de liderança. Essa história nos mostra o que devemos fazer quando sofremos críticas injustas: quando se voltarem contra nós, a nossa posição deve ser a de nos voltar para Deus.

Muitas pessoas ficam tão desmotivadas ao receberem críticas que questionam se têm potencial, valor ou razões para seguir em direção aos propósitos de Deus. Entretanto, as críticas não podem ter tanto poder sobre nós. Se a nossa identidade estiver firmada como filhos de Deus, nenhuma ofensa ou comentário desdenhoso poderá nos abalar. O pregador e autor do clássico *O peregrino*, John Bunyan, declarou: "Se minha vida for infrutífera, não importa quem me elogie; e, se minha vida for frutífera, não importa quem me critique".[1]

> **Se a nossa identidade estiver firmada como filhos de Deus, nenhuma ofensa ou comentário desdenhoso poderá nos abalar.**

[1] ALEX, Jean. 3 frases inspiradoras de John Bunyan. **Acesso cristão.** 29/11/2023. Disponível em: https://acessocristao.com.br/frases-inspiradoras-de-john-bunyan/. Acesso em: 13 fev. 2025.

Além do mais, não podemos ter uma reação acalorada quando somos criticados ou confrontados; pelo contrário, a nossa resposta deve ser sempre mansa, amorosa e equilibrada. Pode parecer estranho retribuir ódio, maldade e ofensas com amor e temperança, mas essa é uma das formas pelas quais mostramos para o mundo que há algo diferente em nós. A nossa tendência natural é, quase sempre, tentar responder à altura ou encontrar uma maneira de ferir o outro na mesma medida, mas não é isso o que a Bíblia nos ensina a fazer. Em Colossenses 4.6, Paulo instrui: "O seu falar seja sempre agradável e temperado com sal, para que saibam como responder a cada um".

Quando somos criticados injustamente, também é importante que oremos pela pessoa que nos censurou. Muitos agem dessa forma em razão dos próprios problemas de aceitação ou de feridas causadas por outras pessoas ou situações. Quando estamos feridos, temos maior inclinação a ferir quem está ao redor. Assim, muitas críticas não estão enraizadas em um problema nosso, mas em um problema da pessoa que fez o comentário. Jesus ensinou: "[...] amem os seus inimigos e orem por aqueles que perseguem vocês" (Mateus 5.44).

Cristo é o maior exemplo de alguém que foi duramente criticado e, todas as vezes, soube lidar com as críticas da maneira correta. Embora sua vida na terra tenha sido livre de culpa e pecado, ele foi ofendido e maltratado, e, ainda assim, perdoou seus ofensores. Quando compreendemos isso, entendemos que também devemos fazê-lo se desejamos ser seus seguidores. Precisamos, então, perdoar aos que nos criticam.

Embora essas situações muitas vezes nos causem dor, tristeza, frustração ou irritação, não podemos guardar rancor nem nutrir sentimentos negativos por quem nos criticou. O perdão não depende do caráter do outro, mas do nosso caráter. Assim, por mais

> **Se os elogios não me definem, as críticas não me limitam.**

difícil que seja, devemos buscar o auxílio do Espírito Santo para podermos liberar perdão àqueles que nos feriram.

Saiba que as críticas virão, algumas para nosso crescimento e edificação; outras com o objetivo de nos ferir e abalar. Por essa razão, é tão importante que aprendamos a discernir entre críticas construtivas e destrutivas, para que saibamos lidar com cada uma delas da maneira correta. Quando recebemos críticas com a intenção de corrigir e auxiliar, devemos nos dedicar a melhorar e a aprender com a repreensão. Se os elogios não me definem, as críticas não me limitam.

APLICAÇÃO

Se você recebeu uma crítica recentemente, separe tempo para orar e refletir. Qual foi o objetivo do que lhe foi dito? Como você se sentiu após ser criticado? Qual é a reação mais apropriada? Como você pode aprender com essa situação (ainda que não se trate de uma crítica construtiva)?

Para memorizar

O seu falar seja sempre agradável e temperado com sal, para que saibam como responder a cada um.

Colossenses 4.6

ORAÇÃO

Meu Jesus, tu sabes quão duro é sofrer críticas injustas. Ajuda-me a agir da maneira correta quando elas vierem e a refletir o teu amor e a tua graça para com aqueles que me ferirem. E, quando as críticas tiverem embasamento e forem feitas para o meu crescimento, que eu tenha sabedoria para aprender com elas e melhorar nos aspectos necessários.

Perdoa-me, Senhor Jesus, pelas vezes em que critiquei ou ofendi outras pessoas. Não me deixes ser responsável por causar dor no próximo, mas que eu demonstre amor e gentileza com as minhas palavras em todas as situações.

Em teu nome eu oro, amém.

dia 9

Domine a ansiedade

LEITURA BÍBLICA

Mateus 6.25-34

A ansiedade é uma emoção comum despertada em situações de perigo ou expectativa. Todavia, também pode provocar medo e preocupações excessivas.

Todos sentimos ansiedade em determinadas situações, mas não podemos, de modo algum, ser dominados por ela. A partir do momento em que essa emoção começa a nos atrapalhar em tarefas do cotidiano ou a impactar partes da nossa vida, é preciso buscar ajuda para romper o ciclo.

A ansiedade pode ser causada por diversos fatores, como dificuldades financeiras, problemas familiares, incertezas, mudanças significativas, pressão, rotina sobrecarregada ou traumas do passado. Quando agravada, afeta a saúde mental, física e espiritual, além de atingir os relacionamentos do indivíduo.

Em razão da ansiedade, muitas pessoas têm alterações no sono, apetite e humor, dificuldade para respirar, dores musculares causadas pela tensão e outros tipos de problemas que afetam o corpo. Muitos enfrentam dificuldades no relacionamento com Deus, porque pensamentos acelerados e preocupações geram dúvidas e inseguranças. Consequentemente, essas pessoas são levadas a questionar se o Senhor não se importa com o que lhes acontece. Tudo isso gera efeitos negativos para os relacionamentos, como desconfiança, problemas de socialização, dificuldades para estabelecer ou entender limites, entre outros.

Em seu livro *Cartas a Malcolm*, C. S. Lewis abordou esse assunto que, por muito tempo, foi um tabu: "Algumas pessoas se sentem culpadas por suas ansiedades e as consideram um defeito da fé. Não concordo com isso de jeito nenhum. Elas são aflições, não pecados".[1]

É importante compreendermos que a ansiedade pode ser tratada, e há diversos recursos que podem nos ajudar a não sermos dominados por ela. Muitas pessoas precisam recorrer à ajuda de profissionais para isso, e não há problema algum em buscar o cuidado dos especialistas; pelo contrário, é prudente procurar profissionais competentes para auxiliar em questões que não conseguimos solucionar sozinhos.

É prudente procurar profissionais competentes para auxiliar em questões que não conseguimos solucionar sozinhos.

Existem, ainda, estratégias interessantes que podem ser colocadas em prática. Adotar uma rotina organizada — alimentação

[1] Lewis, C. S. **Cartas a Malcolm**. Rio de Janeiro: Thomas Nelson Brasil, 2019.

equilibrada, sono regrado, atividades físicas regulares e momentos de lazer, descanso e socialização — pode promover a melhoria do bem-estar. Também é importante que conheçamos a nós mesmos a ponto de saber o que pode nos despertar preocupações, para que possamos nos prevenir e evitar situações desconfortáveis quando surgirem no horizonte.

No entanto, muitas vezes o que nos causa ansiedade é justamente saber que determinadas coisas não estão sob o nosso controle. Por mais que queiramos fazer tudo à nossa maneira, no nosso tempo, não temos controle algum sobre o futuro. Isso não deve nos desestabilizar; pelo contrário, devemos encontrar conforto ao saber que o amanhã não está nas nossas mãos, mas nas mãos daquele que criou e sustenta tudo o que existe nos céus e na terra.

A paz verdadeira não vem da falsa sensação de controle, mas de aprender a depender de Deus e a confiar nele, pois apenas ele nos dá a verdadeira paz (cf. João 14.27). Em Mateus 6.25-34, Jesus ensina que não precisamos nos preocupar com bens materiais ou com o que comer e beber, pois Deus Pai cuida de nós em todos os detalhes.

Jesus argumenta que, se Deus cuida até mesmo dos pássaros e dos lírios do campo, quanto mais cuidará de nós, seus filhos. O Pai conhece o que cada um de nós precisa, no tempo em que precisa; ele não falha em prover às nossas carências e supri-las. Cada aspecto da nossa vida está sob os cuidados de Deus, que não desampara nenhum de seus filhos.

> **“O Pai conhece o que cada um de nós precisa, no tempo em que precisa; ele não falha em prover às nossas carências e supri-las.**

A dor da ausência do amor e do cuidado paterno gerou muitas feridas em mim, inclusive a ansiedade. No entanto, quando conheci o amor de Deus Pai, descobri que posso entregar a ele cada uma das minhas preocupações, dúvidas e dos meus medos. Aprendi que, na minha vulnerabilidade, posso me aproximar de Deus e desenvolver maior intimidade com ele.

Podemos viver confiantes de que Deus supre até mesmo as necessidades das quais não temos conhecimento. Ele também conhece nossos dias, de modo que não há por que nos preocuparmos com o futuro se nos dedicamos a viver hoje na presença e sob os cuidados de Deus. Quando aprendemos a depender do Senhor em todas as coisas, pela fé de que a provisão vem dele, começamos a desfrutar de paz e tranquilidade.

Se, neste momento, você tem se sentido ansioso por algum motivo, aproveite para exercitar a confiança em Deus. Saber que ele está presente em todas as situações, inclusive nas turbulências, pode nos ajudar a enfrentar a ansiedade sem sermos dominados por ela.

Aproxime-se do Pai, porque ele sempre deseja nos ter por perto. Apresente sinceramente a ele aquilo que tem ocupado a sua mente e despertado ansiedade no seu coração. Em 1Pedro 5.7, somos instruídos: "Lancem sobre ele toda a sua ansiedade, porque ele cuida de vocês". Quando oramos, o objetivo não é informar a Deus algo que ele não saiba, mas estabelecer um relacionamento fundamentado na confiança, na fé e no amor. Podemos e devemos ser transparentes nas nossas orações ao expressarmos dificuldades e medos, bem como os mais profundos desejos do nosso coração.

> **"Podemos e devemos ser transparentes nas nossas orações, inclusive ao expressarmos dificuldades e medos, bem como os mais profundos desejos do nosso coração.**

Diante da imprevisibilidade da vida e de suas próprias limitações e fragilidades, lembre-se de que aquele que cuida dos seus dias é o mesmo que diz: "Por isso, não tema, pois estou com você; não tenha medo, pois sou o seu Deus. Eu o fortalecerei e o ajudarei; eu o segurarei com a destra da minha justiça" (Isaías 41.10).

APLICAÇÃO

Reflita sobre como a ansiedade tem se manifestado na sua vida. Depois, escreva três estratégias que você pode adotar para lidar com essa emoção.

Para memorizar

Não andem ansiosos por coisa alguma, mas em tudo, por meio da oração e da súplica, com ação de graças, apresentem os seus pedidos a Deus. Então, a paz de Deus, que excede todo o entendimento, guardará o coração e os pensamentos de vocês em Cristo Jesus.

Filipenses 4.6,7

ORAÇÃO

Deus Pai, tu conheces cada um dos meus pensamentos e emoções, e sabes o que desperta em mim ansiedade e medos. Não permitas que a ansiedade me domine. Dá-me estratégias para administrar esse sentimento sem que ele tome conta de mim.

Ajuda-me a identificar o teu cuidado diário para comigo e a depender de ti. Faz-me confiar plenamente na tua provisão e saber que tens cada um dos meus dias nas tuas mãos.

Em nome do teu Filho, amém.

dia 10

Supere os medos

LEITURA BÍBLICA
Ester 4

Por muito tempo, a minha vida e a da minha família foram marcadas pelo medo. Como consequência da dependência do álcool, o meu pai costumava ser agressivo, de modo que várias vezes sofremos violência física e verbal. Fora de casa, eu ainda tinha de lidar com o medo dos colegas de escola, com o medo das interações sociais e principalmente com o medo da rejeição. Por anos, o medo me consumiu e me paralisou.

Quando conheci o amor de Deus Pai, gradativamente os medos que me aprisionavam perderam o domínio que exerciam sobre mim.

Ao longo desse processo, desenvolvi habilidades antes inibidas pelo medo e comecei a confrontar as inseguranças que me impediam de fazer amizades. Conforme me aproximava do Senhor e crescia na fé, passei a exercer funções na igreja e a aprender a liderar. Aos poucos, perdi o medo de falar em público.

Com o tempo, o medo da rejeição deu lugar à certeza do amor de Deus, um amor perfeito e verdadeiro, capaz de alcançar as profundezas do nosso ser. Entendi que, ainda que o meu pai tivesse me rejeitado, Deus Pai nunca o faria. Também aprendi que, para viver os planos do Senhor, era necessário superar os medos e as dificuldades que por tanto tempo tinham me dominado.

O medo pode servir de instinto de proteção para nos afastar de perigos e ameaças. Contudo, a partir do momento em que ele nos prende e nos impede de viver de maneira plena, precisamos aprender formas de superá-lo. No *best-seller Uma vida com propósitos*, Rick Warren explica que o medo é como uma prisão autoimposta que não nos permite ser quem Deus deseja que sejamos.[1] Se nos limitarmos à zona de conforto, não seremos capazes de agir segundo os planos de Deus para a nossa vida. Viver determinado propósito significa, muitas vezes, enfrentar os medos e desconfortos para fazer a vontade do Senhor.

> **Viver o propósito significa, muitas vezes, enfrentar os medos e desconfortos para fazer a vontade do Senhor.**

Podemos sentir medo de muitas coisas: do futuro, de outras pessoas, da solidão, da morte, da perda de entes queridos, da instabilidade financeira, do julgamento, de cometer erros, de enfermidades e muitos outros. Independentemente do medo, a chave para superá-lo está no Senhor.

[1] WARREN, Rick. **Uma vida com propósitos**: para que estou na terra? 4. ed. São Paulo: Vida, 2022.

Em Salmos 56.3, lemos as palavras de Davi: "Quando eu estiver com medo, confiarei em ti".

Davi sabia o que era ser assolado pelo medo, tanto que o capítulo anterior registra: "O meu coração está acelerado; os pavores da morte me assaltam. Temor e tremor me dominam; o medo tomou conta de mim" (55.4,5). Ainda assim, ele vivia pela fé: "Eu, porém, clamo a Deus, e o Senhor me salvará" (v. 16).

Ester é uma personagem bíblica cuja história nos ensina a respeito da superação do medo. Essa jovem judia foi criada pelo primo Mardoqueu, que estava entre os exilados (Ester 2.6,7). Naquele tempo, o rei Xerxes, da Pérsia, ordenou que fossem apresentadas a ele as mulheres mais bonitas do império para que ele escolhesse sua nova esposa. Assim, Ester foi levada ao palácio. Após um ano de tratamentos de beleza e alimentação especiais, ela foi escolhida pelo rei e se tornou rainha. No entanto, sua origem e identidade não foram reveladas, conforme ordens de seu primo.

A rainha, porém, foi colocada à prova quando o rei decretou o extermínio de todos os judeus, sob a influência de Hamã, que ocupava a posição mais elevada entre os nobres. Na ocasião, Mardoqueu recorreu à prima e pediu-lhe que fosse à presença de Xerxes e intercedesse em favor de seu povo. Ester, porém, teve medo de fazê-lo, em razão de uma lei que proibia que qualquer um se aproximasse do rei sem ter sido chamado. A não ser que o rei estendesse o cetro de ouro, o indivíduo seria morto. Além disso, ela não era convidada a estar na presença do rei havia trinta dias.

> **O destino de Ester dependia de uma escolha: ela poderia se omitir, ou agir em favor do povo judeu e ser fiel a Deus.**

Ainda assim, Mardoqueu argumentou:

> "Não pense que, pelo fato de estar no palácio do rei, você será a única entre os judeus que escapará. Se você ficar calada nesta hora, socorro e livramento surgirão de outra parte para os judeus, mas você e a família do seu pai serão mortos. Quem sabe não foi para um momento como este que você chegou à posição de rainha?" (4.13,14).

Mardoqueu tinha fé de que Deus livraria seu povo, com ou sem a intervenção da rainha Ester. Apesar disso, o destino dela dependia de uma escolha: ela poderia se omitir, ou agir em favor do povo judeu e ser fiel a Deus. Ele sabia que o Senhor tinha um propósito para Ester ao promovê-la de órfã exilada a rainha.

O questionamento do primo de Ester — "Quem sabe não foi para um momento como este que você chegou à posição de rainha?" — pode ser útil para nós em momentos de medo e dúvidas. Precisamos entender que o Senhor nos colocou no lugar e no tempo em que vivemos por um motivo, e precisamos, como Ester, de coragem e fé para viver os planos dele para nós. O Deus que nos chama é o mesmo que nos capacita a cumprir o chamado.

> **Precisamos entender que o Senhor nos colocou no lugar e no tempo em que vivemos por um motivo: o Deus que nos chama é o mesmo que nos capacita.**

Em resposta, Ester ordenou que o primo convocasse todos os judeus da cidadela de Susã a jejuar em seu favor por três dias e três noites. Depois desse prazo, ela se apresentaria ao rei. Em seguida, Ester nos mostra sua coragem ao dizer: "Se eu tiver que morrer, morrerei" (v. 16). A ameaça e o perigo não se dissiparam; foi ela quem superou o obstáculo do medo a fim de dar cumprimento a seu propósito.

Os riscos que corremos no nosso tempo talvez não sejam iguais aos de Ester, mas temos muito a aprender com a forma segundo a qual ela enfrentou seu medo e, com ousadia, cumpriu seu desígnio.

Em muitos momentos, teremos medo, seja por ameaças à nossa saúde, segurança, bem-estar, relacionamentos, seja por algum problema de autoconfiança, mas é necessário que superemos o medo se desejamos ser obedientes à vontade de Deus.

Apesar dos momentos difíceis, Deus não nos deixa desamparados; pelo contrário, ele nos equipa e prepara, dando-nos sabedoria, estratégia e coragem; basta ter fé e confiança em Deus e no amor dele por nós, o amor que nos libertou e nos mantém seguros de toda e qualquer ameaça. O evangelista escocês Oswald Chambers afirmou: "A coisa mais notável em relação a Deus é que, quando você teme a Deus, não teme mais nada, ao passo que, se não teme a Deus, teme todo o resto".[2]

Continuaremos a passar por dificuldades e situações que provocam medo e insegurança. Todavia, podemos viver pela certeza de que Deus ouve os nossos clamores e está sempre pronto a nos socorrer. Podemos ter a confiança de que, por maior que seja o desafio e ainda que sejamos ameaçados, o Senhor nos capacita a cumprir o nosso chamado e nos dá as estratégias e ferramentas necessárias para enfrentar o medo.

O Senhor nos capacita a cumprir o nosso chamado e nos dá as estratégias e ferramentas necessárias para enfrentar o medo.

APLICAÇÃO

Em Ester 4.16, encontramos algumas estratégias utilizadas por Ester para superar o medo e cumprir seu propósito, como jejuar, buscar o apoio de outras pessoas e se preparar para a tarefa.

---

[2] Disponível em: https://www.pensador.com/autor/oswald_chambers/. Acesso em: 13 fev. 2025.

Pense no medo ou nas inseguranças que têm perturbado você atualmente e de que maneira as estratégias empregadas por Ester podem se aplicar à sua situação.

Para memorizar

Mesmo que eu ande por um vale de densas trevas,
não temerei perigo algum, pois tu estás comigo;
a tua vara e o teu cajado me confortam.

Salmos 23.4

ORAÇÃO

Senhor Deus, tu conheces os meus medos e aflições. Ajuda-me a enfrentá-los pela confiança em ti e no teu amor. Capacita-me a viver os teus planos para a minha vida e a superar quaisquer obstáculos que se apresentem no meu caminho.

Dá-me coragem e ousadia para fazer diferença no lugar em que me colocaste. Tira todo medo, toda insegurança e fortalece-me segundo o teu propósito para a minha vida.

Amém.

Conecte-se mais com Deus

dia 11

LEITURA BÍBLICA
Lucas 10.38-42

Você consegue se imaginar sem conversar com o seu pai, mãe, irmão ou cônjuge por dias ou até meses? Infelizmente, isso acontece quando o relacionamento está enfermo ou rompido. No entanto, jamais passaríamos horas, dias, meses ou anos sem conversar com alguém a quem amamos por opção. Por que, então, muitas vezes não nos empenhamos em nos relacionar com Deus?

Quando amamos alguém, dedicamos tempo e esforços a essa pessoa, seja um familiar, seja um amigo ou cônjuge. Nenhum relacionamento pode ser bem-sucedido sem comunicação e proximidade; pelo contrário, quanto mais próximos somos, maior é a manifestação do nosso amor.

Algumas pessoas frequentam a igreja, afirmam ser cristãs e amar a Deus, embora negligenciem o relacionamento com o Pai ao deixar de cultivar maior intimidade. Assim como não podemos, de fato, ter relações saudáveis sem comunicação e intimidade, não podemos nos relacionar com Deus sem nos aproximarmos dele.

> **Quando amamos alguém, dedicamos tempo e esforços a essa pessoa.**

Diversos obstáculos aparecem no dia a dia e servem de desculpas: falta de tempo, desânimo, orgulho, culpa, indisciplina, dúvidas, ataques espirituais, outras tarefas ou pessoas e até preguiça. Por isso, precisamos priorizar o relacionamento com Deus e buscar formas de superar essas barreiras e de aprofundar a comunhão com ele.

Por muito tempo, ansiei por um relacionamento de amor, intimidade e cuidados com o meu pai. Eu via como outros pais tratavam seus filhos, e o meu coração ardia de desejo por algo semelhante, sofrendo por saber que eu jamais teria aquela experiência. Quando encontrei o amor de Deus, descobri que tenho livre acesso a um Pai infinitamente mais amoroso, cuidadoso e bondoso do que poderia ter neste mundo. Ele deseja se relacionar comigo, saber do meu dia, consolar as minhas dores e ouvir sobre aquilo que alegra a minha alma.

Somente ao nos conectamos com Deus, podemos conhecê-lo melhor e entender seu propósito para nós, seus filhos. Ao nos relacionamos com ele, entendemos quem somos e aonde devemos ir, com a orientação necessária para que trilhemos o caminho da verdadeira paz e tranquilidade em direção ao nosso destino, a vida eterna. Em sua oração, Jesus disse ao Pai: "Esta é a vida eterna: que te conheçam, o único Deus verdadeiro, e a Jesus Cristo, a quem enviaste" (João 17.3).

Temos diversos exemplos de pessoas que se dedicaram a viver um relacionamento íntimo com o Senhor. Abraão e Moisés, por exemplo, foram reconhecidos como amigos de Deus (cf. Êxodo 33.11,17; Isaías 41.8). Davi, por sua vez, era visto pelo Senhor como um homem segundo seu coração (cf. Atos 13.22) que deixou registrada sua intimidade com o Pai nos vários salmos que escreveu.

Já no Novo Testamento, foram muitas as pessoas que tiveram a oportunidade de ouvir as pregações e os ensinamentos de Jesus, mas poucas, de fato, o conheceram profundamente, como aconteceu com os discípulos, em especial Pedro, Tiago e João, e os irmãos Maria, Marta e Lázaro. Ao se relacionarem com Jesus, estes se relacionaram com o próprio Deus.

Em João 14.6,7, o Senhor Jesus afirma: "Eu sou o caminho, a verdade e a vida. Ninguém vem ao Pai, a não ser por mim. Se vocês tivessem me conhecido, também teriam conhecido o meu Pai. Desde agora, no entanto, vocês o conhecem e o têm visto". Ainda hoje, Jesus é o caminho para o relacionamento com Deus. Não podemos conhecê-lo sem antes passarmos pelo Filho.

Jesus é o caminho para o relacionamento com Deus. Não podemos conhecê-lo sem antes passarmos pelo Filho.

No Evangelho de Lucas, há uma preciosa lição sobre o relacionamento com Jesus. Quando Cristo e seus discípulos foram recebidos na casa de Marta e seus irmãos, Maria ficou sentada aos pés do Senhor para ouvir o que ele tinha a dizer, enquanto sua irmã se ocupava com os serviços domésticos. Esta, reclamando da irmã ao Mestre, recebeu a seguinte resposta: "Marta! Marta! Você está preocupada e inquieta com muitas coisas; contudo, apenas uma é necessária. Maria escolheu a boa parte, e esta não lhe será tirada" (Lucas 10.41,42).

Muitas vezes, na rotina atarefada, ficamos afobados e somos tomados por preocupações. Como Marta, devemos aprender a fazer bom uso do tempo. Precisamos realizar as atividades que estão diante de nós, mas a prioridade deve ser sempre o relacionamento com Deus. Quantas vezes nos dedicamos a executar tarefas, cumprir exigências, atender a outras necessidades e cuidar de outras pessoas, mas nos esquecemos de que o lugar onde deveríamos estar é aos pés de Jesus!

Existem diversas formas pelas quais podemos nos conectar mais com Deus. Assim como a comunicação é vital para os relacionamentos, a oração é essencial. Podemos orar em voz alta, em pensamento ou registrar súplicas por escrito; o que não podemos é ficar sem falar com ele. A oração não precisa ser uma cerimônia formal ou um ritual complicado; é um diálogo. Em *Por que tarda o pleno avivamento?*, Leonard Ravenhill cita Andrew Bonar:

> **"Precisamos realizar as atividades que estão diante de nós, mas a prioridade deve ser sempre o relacionamento com Deus.**

> "Ore, meu irmão, ore. Ore, a despeito das oposições de Satanás. Passe horas em oração. Prefira negligenciar a companhia dos amigos do que deixar de orar. Prefira jejuar, abster-se do desjejum, do almoço, do jantar, e não dormir, do que deixar de orar. E não adianta ficarmos conversando sobre oração; temos que orar muito, e com fervor. A vinda do Senhor está próxima. E ele virá despercebidamente, quando as virgens estiverem dormindo".[1]

[1] RAVENHILL, Leonard. **Por que tarda o pleno avivamento?** Belo Horizonte: Betânia, 1989.

Ao conversar com Deus, nós nos aproximamos dele e nos aprofundamos no conhecimento de seu caráter e de sua vontade. A beleza da oração está no fato de Deus Pai conhecer cada pensamento e desejo nosso e, ainda assim, desejar ouvir o que temos a dizer. Devemos orar em todo tempo, como nos orienta a Palavra (cf. 1Tessalonicenses 5.18); no entanto, é importante que separemos um período exclusivo para a oração e meditação na Palavra, o momento devocional. A Bíblia é uma das formas pelas quais Deus nos permite conhecê-lo e nos conectar com ele.

O momento devocional não precisa seguir uma estrutura rígida, contanto que estejamos centrados no que, de fato, importa: relacionar-nos com Deus. Podemos cantar, dançar e nos regozijar na presença do Senhor, desde que deixemos de lado distrações e inquietações. Da mesma maneira que gostamos de receber atenção daqueles a quem amamos, devemos dedicar atenção plena a Deus nos momentos de intimidade com ele.

Também temos oportunidade para nos conectar mais com Deus quando estamos em união com pessoas que partilham da nossa fé e quando exercemos o amor segundo os ensinamentos de Jesus Cristo, por meio do serviço ao próximo, da generosidade e ao anunciar as boas-novas da salvação.

> **“Temos oportunidade para nos conectar mais com Deus quando estamos em união com pessoas que partilham da nossa fé e quando exercemos o amor segundo os ensinamentos de Jesus Cristo.**

Quanto mais alinhados estamos com Deus, mais convicção temos da nossa identidade e do nosso propósito. Para que as demais áreas da nossa vida estejam em ordem, precisamos estar centrados e conectados com o Senhor; do contrário, seremos incapazes de prosseguir conforme a vontade dele.

Encorajo você a dedicar-se ainda hoje a desenvolver um relacionamento de maior intimidade e proximidade com Deus. Este é o maior investimento que qualquer um de nós pode fazer. O Pai anseia conectar-se com você e se fazer conhecido. Como diz o Senhor em Jeremias 33.3: "Clame a mim, e eu responderei; e direi a você coisas grandiosas e insondáveis que você não conhece".

APLICAÇÃO

Caso você ainda não tenha um momento do dia definido para o seu devocional, decida qual é o melhor horário para fazê-lo, por exemplo, ao tomar café ou antes de se deitar. Pense também em como você pode usar esse período para focar apenas em estar na presença de Deus sem distrações.

Para memorizar

Aproximem-se de Deus, e ele se aproximará de vocês!

Tiago 4.8a

ORAÇÃO

Pai, não há nada melhor do que a dádiva de me relacionar contigo. Eu te agradeço pelo precioso privilégio de conhecer-te mais e mais. Alinha o meu coração ao teu, a fim de que eu compreenda os teus caminhos e o teu propósito para mim.

Remove todo obstáculo que possa me distrair ou me levar a negligenciar o meu relacionamento contigo. Que tu sejas sempre minha prioridade.

Em nome do teu Filho, Jesus. Amém.

Aprenda a dizer "Não"

dia 12

LEITURA BÍBLICA

Mateus 4.1-11

A falta da convicção acerca da nossa identidade nos leva, muitas vezes, a nos amoldar ao que os outros esperam e desejam de nós. Passamos a cultivar uma vida dedicada a agradar às outras pessoas e nos esquecemos do nosso propósito e de que deveríamos, na realidade, viver para agradar a Deus. Por esse motivo, desenvolvemos a dificuldade de dizer "Não" a propostas que estão além do nosso alcance, conforto ou princípios.

No entanto, estabelecer limites claros, tanto para nós quanto para outras pessoas, é imprescindível para o cumprimento do nosso propósito e para vivermos de tal maneira que agrademos a Deus. Os limites são importantes para a saúde espiritual e mental. Sem eles, além da perda de identidade, somos levados ao esgotamento emocional, à ansiedade, aos conflitos internos e nos relacionamentos e, em alguns casos, a desobedecer a Deus.

Não podemos cair no engano de pensar que vivemos para agradar aos outros, pois isso não nos ajudará a encontrar a nossa identidade; pelo contrário, ficaremos cada vez mais afastados dela. A partir do momento em que a ânsia pela aceitação de terceiros nos faz tolerar determinadas situações ainda que contradigam os nossos valores, precisamos reavaliar o nosso comportamento e começar a impor os limites necessários.

Muitas pessoas cumprem as tarefas que lhes são impostas por seus superiores, embora estas não façam parte de suas responsabilidades; por isso, se sentem sobrecarregadas! Quantas se calam quando os filhos desobedecem e se comportam de maneira rebelde a ponto de desrespeitá-las e feri-las! Quantas outras sofrem com a manipulação de familiares por pensarem que o vínculo sanguíneo as obriga a tolerar determinadas atitudes! Não saber dizer "não" pode nos prejudicar de diversas formas, e não podemos aceitar viver dessa maneira.

"A partir do momento em que a ânsia pela aceitação de terceiros nos faz tolerar determinadas situações ainda que contradigam os nossos valores, precisamos reavaliar o nosso comportamento e começar a impor os limites necessários.

Precisamos entender quem somos a fim de compreender nossos limites, ou seja, o que aguentamos, toleramos, aceitamos e queremos. Esses limites devem ser comunicados às pessoas ao nosso redor e reforçados sempre que houver necessidade. Segundo Cloud e Townsend, os limites “nos ajudam a guardar o nosso coração com diligência (cf. Provérbios 4.23).”[1] Para os autores, estabelecer limites nos ajuda a manter o que é bom e a excluir da nossa vida o que é prejudicial para nós.

Jesus é o maior exemplo no que diz respeito a limites saudáveis. Ele não os impunha para ferir outras pessoas, mas para defender sua integridade e conduta irrepreensível. O relato do Evangelho de Mateus sobre a tentação de Jesus revela que ele se manteve fiel e rejeitou todas as propostas do Maligno (4.1-11).

Jesus tinha tanta convicção de sua identidade que não se deixou levar pelas provocações do seu adversário. Cristo estava com fome, pois passara quarenta dias e quarenta noites em jejum. Apesar de estar com o corpo físico vulnerável, não cedeu, pois sabia quem era, de onde viera e qual era seu propósito nesta terra.

De igual maneira, devemos ter tanta certeza de quem somos a ponto de não cedermos na questão dos limites que tivermos estabelecido. Nem sempre os convites terão intenção perversa como no caso de Mateus 4; ainda assim, precisamos discernir o que é adequado para nós, o que nos edifica e o que condiz com o nosso propósito.

> **Precisamos discernir o que é adequado para nós, o que nos edifica e o que condiz com o nosso propósito.**

Muitas vezes, a dificuldade de impor limites vem do medo da rejeição ou de ser envergonhado. Pode vir, ainda, como consequência de não querer magoar outras pessoas ou ser considerado egoísta. Quando não sabemos formular uma negativa, rejeitamos a nossa identidade, nos afastamos do nosso propósito e nos ferimos.

---

[1] CLOUD, Henry; TOWNSEND, John. **Limites**: quando dizer sim, quando dizer não. São Paulo: Vida, 2023. p. 33.

Estabelecer limites não significa dar as costas ao próximo ou deixar de servir. Na verdade, quando aprendemos a dizer "Não", nós nos tornamos aptos a afirmar uma aprovação de maneira assertiva e mais alinhada com o nosso propósito. Assim, podemos de fato fazer diferença na vida dos outros e manter os nossos princípios, valores e sanidade.

A seguir, apresento algumas estratégias para você aprender a dizer "não":

1. Conheça a você mesmo.

   Você não pode estabelecer limites se não tiver certeza da sua identidade. É preciso ter clareza acerca de quem você é, de quais são seus gostos, interesses, princípios e aonde você pode ir sem se sentir pressionado ou esgotado.
2. Estabeleça limites saudáveis.

   Para aprender a dizer "não", você precisa saber até onde o outro pode chegar sem nos ferir. Isso não significa adotar uma postura inflexível e intransigente, mas delimitar o que é correto, o que é justo e tolerável, quais são as suas prioridades e o que é importante para você.

   > **Para aprender a dizer "não", precisamos saber até onde o outro pode chegar sem nos ferir.**

   A maneira mais sábia para estabelecer limites saudáveis é nos inspirar nos ensinos bíblicos sobre a nossa conduta. Dessa forma, não prejudicaremos o próximo nem a nós mesmos.
3. Pratique a comunicação assertiva.

   Comunique os seus limites às pessoas ao seu redor, para reduzir as oportunidades de convites indesejáveis. Expresse as suas necessidades e prioridades de maneira respeitosa e sem desconsiderar nem invalidar o outro. Quando propostas forem feitas, reforce os seus limites e seja claro ao dizer "não", de modo que não haja dúvida acerca da sua resposta. Lembre-se de que você não é obrigado a se justificar ou sentir culpa, mas deve ser sempre bondoso e justo.

Infelizmente, nem sempre as pessoas compreenderão que temos limites, e algumas farão de tudo para desrespeitá-los. Nesses momentos, precisaremos de discernimento no modo de falar e agir, além de estratégias para não ceder à pressão e à crítica. Temos de nos lembrar de que a nossa identidade e o nosso valor não dependem de sermos aceitos pelos outros. Nem sempre agradaremos a todas as pessoas, mas o que, de fato, importa é que agrademos a Deus. Lembre-se de que a sua identidade não depende da aceitação de outras pessoas.

Dizer "Não" e impor limites não é ser egoísta ou rude. É uma forma de cuidar de nós mesmos e respeitar o fato de que não podemos fazer tudo, aceitar qualquer convite nem tolerar todo comportamento. Essa habilidade pode ser desenvolvida e praticada para que tenhamos um relacionamento mais saudável e correto com o próximo, com nós mesmos e com Deus. Ao rejeitar coisas que não vêm de Deus ou não condizem com o nosso propósito, podemos dizer "sim" à vontade dele e viver em obediência e fidelidade.

> **Dizer "Não" e impor limites não é ser egoísta ou rude. É uma forma de cuidar de nós mesmos.**

APLICAÇÃO

Pense em quais são os seus limites e prioridades. O que é inegociável para você? O que você está ou não disposto a fazer?

Se você tem dificuldade em dizer "Não", pense em situações nas quais seria necessário fazê-lo e pratique a resposta. Por exemplo, um amigo pergunta se você pode cuidar do filho dele, mas você tem um compromisso importante na mesma data; ou o seu chefe pede que você cubra o turno de um colega, mas ele o avisa com pouca antecedência.

Para memorizar

Acima de tudo, guarde o seu coração, pois dele origina a vida.

Provérbios 4.23

ORAÇÃO

Senhor Deus, ajuda-me a desenvolver limites saudáveis e a comunicá-los às outras pessoas. Quando necessário, capacita-me a dizer "Não" sem sentir culpa ou medo de rejeição, mas de maneira bondosa, gentil e respeitosa.

Que, em vez de tentar agradar às pessoas, eu me dedique a viver uma vida agradável a ti, segundo a tua soberana vontade.

Amém.

dia 13

Seja disciplinado e abandone a procrastinação

LEITURA BÍBLICA

1Timóteo 4.6-16

LEITURA COMPLEMENTAR

Mateus 25.1-13

Uma das características essenciais do crescimento é a disciplina. Sem ela, não podemos ser bem-sucedidos nem ter saúde física, mental e espiritual. A procrastinação é um dos maiores inimigos da disciplina e um problema que muitos enfrentam.

Desde pequenos, temos a tendência de adiar escolhas difíceis ou que terão consequências inesperadas. Quantos de nós estão endividados por indisciplina financeira, enfrentam conflitos ou têm dificuldade de amadurecer por falta de disciplina! Precisamos identificar as razões disso e desenvolver estratégias para superar esse hábito.

Segundo o autor e pastor Donald S. Whitney, é impossível chegar à maturidade espiritual senão pela disciplina.[1] Ser disciplinado não significa seguir regras nem rituais, mas cultivar obediência e amor a Deus.

Um exemplo bíblico de disciplina foi Paulo, que instruiu Timóteo a esse respeito e lhe transmitiu a importância da submissão à vontade de Deus para a caminhada espiritual. Aprendemos, então, que devemos recorrer a quem possa nos aconselhar, instruir e corrigir; precisamos ter com quem conversar em momentos de decisão. É importante confessar pecados, fraquezas e falhas a alguém que nos aponte o caminho certo na Palavra.

Em vez disso, muitos deixam de ler a Bíblia e investir na oração em favor de outras coisas, o que mostra um problema de prioridade. As Escrituras são claras quanto ao que deve ser mais importante para nós, pois o primeiro mandamento é amar a Deus sobre todas as coisas, com tudo o que temos e somos (cf. Deuteronômio 6.5, Mateus 22.37). Se Deus é a prioridade, o relacionamento com ele também deve ser.

Estudar a Palavra nos faz compreender qual deve ser o nosso procedimento.

Estudar a Palavra nos faz compreender qual deve ser o nosso procedimento. Lê-la e aplicá-la ajuda no desenvolvimento da disciplina mediante a inspiração de pessoas que viveram em obediência e amor a Deus, com princípios e valores fundamentais para a sabedoria

[1] WHITNEY, Donald S. **Disciplinas espirituais para a vida cristã**. São Paulo: Editora Batista Regular, 2021.

e santidade. Podemos aprender a tomar decisões com discernimento e a refletir o nosso relacionamento com Deus ao nos tornarmos "exemplo [...] na palavra, no procedimento, no amor, na fé e na pureza" (1Timóteo 4.12b).

No trabalho, devemos ser comprometidos, aplicados, cordiais, pontuais, não negligentes. Precisamos cumprir prazos e realizar tudo da melhor forma, ainda que necessitemos de ajuda. Assim também deve ser nos projetos dos quais participamos, nos estudos, no cuidado do lar, na atenção aos filhos etc. Proatividade e produtividade no gerenciamento e na execução das atividades do cotidiano precisam ser constantes.

O exercício da disciplina se dá de diversas formas. A Bíblia ensina a sermos "prontos para ouvir, tardios para falar e tardios para [nos] irar, pois a ira do homem não produz a justiça de Deus" (Tiago 1.19,20); a evitar "conversas inúteis e profanas, pois os que se dão a isso prosseguem cada vez mais para a impiedade" (2Timóteo 2.16); e a "Não [haver] obscenidade, nem conversas tolas, nem piadas indecentes, que não são apropriadas, mas, em vez disso, ações de graças" (Efésios 5.4). Nas atitudes, somos instruídos a fazer tudo "sem murmurações nem discussões", para que sejamos "irrepreensíveis e puros, filhos de Deus inculpáveis no meio de uma geração perversa e depravada", apegando-nos "firmemente à palavra da vida" (cf. Filipenses 2.14-16). Somos chamados a fazer tudo com amor, para a glória de Deus (cf. 1Coríntios 10.31, 16.14).

Somos sal e luz deste mundo e devemos fazer diferença onde e com quem estivermos. A nossa vida precisa ser um testemunho do amor e da transformação que existem em Jesus. Só conseguimos fazer isso com disciplina.

> **Se amamos a Deus, obedecemos a ele e nos dedicamos a viver sua vontade.**

Se amamos a Deus, obedecemos a ele e nos dedicamos a viver sua vontade; o nosso modo de viver é transformado, a fim de que, pela atuação do Espírito em nós, cada vez mais nos tornemos semelhantes a Cristo em caráter, palavra e procedimento. Dessa maneira, outras pessoas podem se achegar a Jesus por intermédio do nosso testemunho e ser também inspiradas a buscar a santidade.

Não podemos cair no engano de permanecer na vida de indisciplina e procrastinação. A partir do encontro com Jesus, devemos nos arrepender e viver uma transformação genuína que provém do amor dele e da nossa prontidão em segui-lo. Em seu livro *Paixão pelas almas*,[2] Oswald Smith compara os que não conhecem Jesus a um nadador que está se afogando e agoniza ao saber que, se ninguém aparecer para acudi-lo depressa, ele acabará morrendo. Então, precisamos pregar as boas-novas para que eles também possam conhecer o amor transformador e a salvação em Jesus.

Dessa forma, não deixe para amanhã o que você pode e deve fazer hoje, "pois você não sabe o que o amanhã trará" (Provérbios 27.1, NVT). Abandone a indisciplina e a procrastinação. Faça com diligência, excelência e intencionalidade aquilo que lhe compete. E, quando enfrentar dificuldades, lembre-se de que você não está sozinho, pois aquele que o chamou é quem o capacita e auxilia.

> **Quando enfrentar dificuldades, lembre-se de que você não está sozinho.**

O pregador John Wesley defendia a importância da disciplina na vida cristã no que diz respeito à oração, ao serviço, ao testemunho e à leitura da Palavra. Esses hábitos foram ensinados por sua mãe, Susanna, e continuaram ao longo de sua vida adulta. Sabe-se que ele era tão dedicado à oração que se levantava às quatro da

[2] SMITH, Oswald. **Paixão pelas almas**. São Paulo: Vida, 2009.

manhã para orar por algumas horas e dizia que a oração é tão vital quanto a respiração.

Nós também devemos dar importância à oração na nossa vida e dedicar tempo a nos comunicar com Deus. Não precisamos necessariamente adotar a mesma rotina de John Wesley, mas podemos nos inspirar em sua disciplina e devoção. A oração é indispensável para uma vida disciplinada. Em Mateus, Jesus ensinou: "[...] quando você orar, vá para o seu quarto, feche a porta e ore ao seu Pai, que está em secreto [...]" (Mateus 6.6).

Todos esses hábitos, quando realizados com amor a Deus e constância, são uma grande ajuda para desenvolvermos disciplina e obediência. Se desejamos seguir os propósitos e a vontade do Pai para a nossa vida, é imprescindível que nos tornemos cada vez mais disciplinados. Assim, deixamos de agir para nós mesmos e nos dedicamos a agradar a Deus, a fim de que ele seja glorificado na nossa vida e por meio dela.

APLICAÇÃO

Pense nas ferramentas e nos recursos que podem ajudá-lo a viver uma vida mais disciplinada. Estas são algumas estratégias para acabar com a procrastinação:

- Estabelecer prazos;
- Elaborar um cronograma;
- Encontrar o local adequado e eliminar distrações;
- Listar prioridades;
- Definir alarmes e lembretes;
- Dividir a tarefa em atividades menores e mais fáceis de concluir;

- Não se comprometer com mais do que é capaz de realizar.

Diante das suas tarefas, quais estratégias podem ser utilizadas?

Para memorizar

Tenham cuidado com a sua maneira de viver: que não seja como insensatos, mas como sábios, aproveitando ao máximo cada oportunidade, porque os dias são maus. Portanto, não sejam insensatos, mas procurem compreender qual é a vontade do Senhor.

Efésios 5.15-17

ORAÇÃO

Pai, tu conheces as minhas dificuldades. Ajuda-me a concluir as minhas tarefas e a fazer o que tem de ser feito com dedicação, cuidado e zelo para a tua glória.

Eu te agradeço pela tua Palavra, que me orienta a obedecer aos teus mandamentos. Capacita-me a viver segundo a tua vontade. Elimina o que me leva à procrastinação; remove a distração, a preguiça, a autossabotagem e o medo de errar.

Que eu desenvolva disciplina, obediência, diligência, perseverança, fé e cada vez mais amor por ti e pelos teus preceitos.

Em nome de Jesus. Amém.

dia 14

Celebre as pequenas conquistas

LEITURA BÍBLICA

Filipenses 4.4

A humanidade sofre de um insaciável desejo por mais. Mais fama, mais dinheiro, mais seguidores, mais prazer. Desse modo, as pessoas deixam de apreciar o que têm e de ver a beleza nas pequenas coisas, cegas pelo que é fora do comum. No entanto, para viver em verdadeiro contentamento, temos de aprender a ver o extraordinário de Deus no comum do dia a dia.

A maioria das pessoas vive na expectativa de um grande acontecimento, como se precisasse chegar ao ápice de algo. Na realidade, o que realmente precisamos é perceber os grandes acontecimentos na simplicidade da nossa rotina. É importante celebrar os grandes marcos: nascimentos, casamentos, formaturas, conquistas, realizações. Mas existe também beleza e motivo para nos alegrarmos com as pequenas conquistas e aquelas que, para nós, são tão comuns que nem sempre reconhecemos ou apreciamos.

Pense na vida terrena de Jesus. Lemos a respeito de seu nascimento; o glorioso Rei eterno veio ao mundo em humildade. No entanto, há poucos relatos a respeito de sua vida antes do início de seu ministério. E o que Jesus fez no intervalo entre o relato de quando estava perdido no templo aos 12 anos (Lucas 2.41-50) e seu encontro com João Batista, após o qual iniciou seu ministério público (Lucas 3.23)? Ele viveu.

> **Há poucos relatos a respeito da vida de Jesus antes do início de seu ministério.**

Jesus tinha um importante propósito a cumprir, um grande ato a protagonizar, mas, para isso, viveu um dia de cada vez: orou, deitou-se e dormiu; levantou-se, comeu e bebeu; conversou, foi ao templo, ensinou, pregou, amou, ajudou. Pequenas conquistas constituem um grandioso propósito. Era Deus vivendo a rotina da qual muitos de nós nos queixamos. A autora Tish H. Warren argumenta:

> Os anos ordinários de Cristo são parte da história da nossa redenção. Por causa da encarnação e desses longos e esquecidos anos da vida de Jesus, as nossas vidas pequenas e normais importam. Se Cristo foi carpinteiro, todos nós que estamos em Cristo vemos que o nosso trabalho é santificado e sagrado. Se Cristo passou um tempo na obscuridade, então há uma dignidade infinita na obscuridade. Se Cristo gastou a maior parte de sua vida de forma cotidiana, então a vida toda está sob o seu senhorio. Não há atividade

> pequena demais ou rotineira demais para refletir a glória e a dignidade de Deus.[1]

Não é errado ter objetivos grandiosos. Não podemos é viver em função deles sem olhar para o presente. Assim como Deus tem um propósito para os nossos maiores sonhos, também tem para as pequenas conquistas, para os dias que consideramos pacatos, para a rotina que muitas vezes passa batido. Em *Liturgia do ordinário*, a autora cita o escritor inglês do século 18 Samuel Johnson:

> **Não é errado ter objetivos grandiosos. Não podemos é viver em função deles sem olhar para o presente.**

> É bom lembrar que a vida não consiste numa série de ações ilustres ou elegantes alegrias; a maior parte do nosso tempo é gasta com satisfazer necessidades, realizar nossas tarefas diárias, remover inconveniências irrisórias, procurar pequenos prazeres.[2]

Quando me tornei pai, vi o meu maior sonho se realizar, o sonho de ter uma família, de dar o amor que por tanto tempo ansiei receber. Fiquei tão feliz que quis participar de todos os aspectos possíveis da gravidez da minha esposa. Ainda me lembro de como foi segurar o João e a Isabella no colo pela primeira vez, das emoções que me inundaram. Que grande conquista! Contudo, a vida não gira em torno somente de marcos.

Por mais maravilhoso que tenha sido o momento do nascimento dos meus filhos, viver o cotidiano e ver suas descobertas, aprendizados e desenvolvimento foi ainda mais prazeroso. Era prazeroso

---

[1] WARREN, Tish H. **Liturgia do ordinário**. São Paulo: Pilgrim / Rio de Janeiro: Thomas Nelson Brasil, 2021. p. 33-34.

[2] JOHNSON, Samuel in: WARREN, Tish H. **Liturgia do ordinário**. São Paulo: Pilgrim/ Rio de Janeiro: Thomas Nelson Brasil, 2021. p. 24.

trocar fraldas, dar banhos, fazê-los dormir e auxiliar a Michelle enquanto amamentava, porque eu via propósito em todas essas pequenas tarefas que, embora tão simples, constituíam o meu grande sonho. Tornar-me pai foi o grande ato, mas cada cena tinha valor e deveria ser celebrada com ação de graças.

Não precisamos parar de sonhar com as grandes coisas, mas precisamos perceber que o Senhor está também naquilo que consideramos comum e trivial. Nele, toda pequena conquista é significativa e deve ser celebrada, porque revela o poder, a graça, o amor e a bondade de Deus. Em vez de considerar banais os aspectos da vida com os quais já estamos acostumados, temos a oportunidade de reconhecer a importância deles e usá-los para glorificar a Deus.

Se você acordou esta manhã, já é uma grande conquista, e ter acordado todas as manhãs desde o seu nascimento não diminui a importância desse acontecimento. Se você tem a oportunidade de conviver com quem ama, que grandiosa vitória poder partilhar o cotidiano e praticar o amor ensinado por Jesus a cada dia! Ter um lugar seguro no qual se abrigar, uma cama sobre a qual repousar, um emprego, estudo e roupas são outras provas da provisão e do cuidado de Deus.

“Não precisamos parar de sonhar com as grandes coisas, mas precisamos perceber que o Senhor está também naquilo que consideramos comum e trivial.

E o que dizer do supremo triunfo conquistado por Jesus em nosso favor: a vida, a salvação, a graça de sermos chamados filhos de Deus, a possibilidade de meditar na Palavra e conversar com o Senhor todos os dias? Não podemos desprezar tamanha oportunidade, ainda que corriqueira; devemos mudar de perspectiva e treinar os nossos olhos para verem tudo o que há de bom e digno de celebração ao nosso redor.

Ao chegar ao fim do dia, olhe para o que você fez e conquistou. Muitas vezes, a nossa conquista é conseguir um momento de tranquilidade em meio à correria para tomar um café, observar o céu e admirar a maravilhosa criação. Em alguns casos, é deixar a pia limpa e as louças lavadas antes de ir dormir. Em outras ocasiões, é manter o casamento intacto e a família bem cuidada. Em outras ainda, permanecer no emprego apesar das dificuldades, ou pagar as contas em um mês apertado, ou talvez beber a quantidade necessária de água e comer três frutas por dia.

> **Ao chegar ao fim do dia, olhe para o que você fez e conquistou.**

Por menores que pareçam esses momentos, se a nossa perspectiva estiver alinhada com a de Deus, veremos que aquilo que pensamos ser pequeno na verdade tem grande valor e deve ser celebrado com ações de graças. Veremos que Deus se manifesta no nosso cotidiano e orquestra cada parte da nossa vida segundo o grande propósito para o qual ele nos designou.

APLICAÇÃO

Anote sua rotina em detalhes, desde o momento em que desperta até a hora de dormir. Em seguida, reflita e anote: Você busca estar satisfeito tentando acumular grandes feitos ou tem dado valor à rotina e ao cuidado diário de Deus para com a sua vida? Como você enxerga o agir de Deus em cada um dos seus afazeres?

Para memorizar

Este é o dia que o Senhor fez; nele nos alegraremos e exultaremos.

Salmos 118.24, NVT

ORAÇÃO

Senhor Deus, eu te agradeço por todos os dias que tens me concedido. Graças te dou pelas tuas muitas bênçãos. Faz-me ver o teu amor, propósito, bondade e graça a cada dia da minha vida. Que eu enxergue o teu propósito para mim em todas as coisas e seja motivado a agir com intencionalidade. Ajuda-me a ver a maneira em que tu operas até mesmo nas minhas tarefas mais simples e comuns. Que eu me alegre e celebre cada dia, pois todos são feitos por ti e para ti.

Em nome de Jesus. Amém.

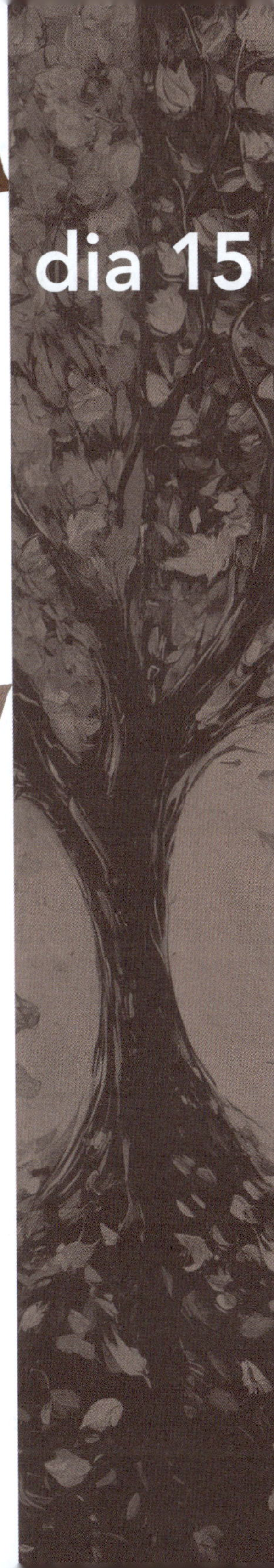

Reclame menos

LEITURA BÍBLICA
Filipenses 4.11-18

LEITURA COMPLEMENTAR
Êxodo 15—17, Números 14—16

Você já deve ter conhecido alguém que reclama o tempo todo. É possível que você seja essa pessoa. Imagine passar o dia inteiro com alguém que resmunga: diz que não dormiu bem, que o café está fraco e o pão não está fresco; que o trânsito está insuportável, que a temperatura está muito alta ou muito baixa; que a cadeira do escritório range demais e o computador está muito lento; que o feijão da marmita não está bem temperado, que o caminho de volta para casa é monótono e cansativo, que o jantar não é o que desejava comer e que o travesseiro está muito gasto. Do momento em que acorda até a hora de dormir, tudo se torna motivo de murmuração e questionamento: "Por que tudo dá errado na minha vida?".

Embora esses acontecimentos sejam incômodos na rotina, o tempo dedicado às reclamações faz a pessoa perder de vista todo o resto que se passou naquele dia: os sorrisos, as gentilezas dos colegas de trabalho, os livramentos, as dádivas, as oportunidades para meditar e agradecer, ou os momentos que poderiam ser usados para entrar na presença de Deus e suplicar-lhe por ajuda. A verdade é que a reclamação rouba o nosso foco e nos enfraquece gradativamente. Nada de bom provém desse hábito.

Segundo María José García Rubio, neurocientista e professora da Faculdade de Ciências da Saúde na Universidade Internacional de Valência, a reclamação é uma experiência comum aos seres humanos como mecanismo de enfrentamento. Contudo, murmurar em excesso pode provocar mudanças estruturais no cérebro a ponto de dificultar a nossa capacidade de resolver problemas e de afetar as nossas funções cognitivas. De acordo com a pesquisadora, focar no que há de negativo pode alterar a nossa perspectiva do mundo.[1]

> **A reclamação rouba o nosso foco e nos enfraquece gradativamente.**

Dessa forma, a reclamação excessiva só coopera para que vejamos a situação de maneira cada vez mais negativa, mantendo-nos presos a um ciclo interminável de queixas. No entanto, os impactos desse hábito não se restringem aos efeitos psicológicos; eles se estendem às

[1] RUBIO, María José García. O ignorado impacto na saúde de quem reclama o tempo todo. **The Conversation**. BBC News Brasil, 24-02-2024. Disponível em: https://www.bbc.com/portuguese/articles/clyjpen5gdko. Acesso em: 10 fev. 2025.

interações, à maneira de vermos a nós mesmos e encararmos o nosso relacionamento com Deus.

Em 1Coríntios 10.10, o apóstolo Paulo alerta contra a murmuração que levou muitos dos israelitas à destruição. Ao longo da história de Israel, muitas foram as vezes em que o povo reclamou e se voltou contra o Senhor e a liderança instituída por ele. Em Êxodo 15, os israelitas se queixaram da escassez de água, e o fizeram de novo no capítulo 17. No capítulo 16, reclamaram da fome. Graciosamente, o Senhor respondeu que eles também murmuraram contra a liderança de Moisés e Arão (cf. Números 14.1-4, 16.1-3), líderes nomeados por Deus.

> **A reclamação excessiva só coopera para que vejamos a situação de maneira cada vez mais negativa, mantendo-nos presos a um ciclo interminável de queixas.**

Ao olhar para a história do povo de Deus, notamos que muitos dos erros cometidos por eles continuam a ser reproduzidos no nosso tempo. Da mesma forma que Deus lhes deu água (cf. Êxodo 15.25-27, 17.5-7), ele nos deu a Fonte da vida, Jesus, cuja água jorra para a vida eterna (cf. João 4.10-14).

Assim como o Senhor prometeu: "Eu lhes farei chover pão do céu. O povo sairá e recolherá diariamente a porção necessária para aquele dia [...]" (Êxodo 16.4), Jesus declarou: "Eu sou o pão da vida. Aquele que vem a mim nunca terá fome; aquele que crê em mim nunca terá sede" (João 6.35). Assim como Moisés foi designado por Deus para conduzir seu povo, Jesus é o nosso Bom Pastor que nos conduz (cf. João 10.11).

A advertência de Paulo aos coríntios vinha de alguém que, por experiência, passou por momentos de angústia e aflição e, ainda assim, permanecia satisfeito e contente, pois sabia que todas as suas necessidades seriam plenamente supridas pelo Senhor. Quando escreveu a carta aos Filipenses, Paulo estava preso (cf. 1.13). Mesmo na prisão, permaneceu firme e afirmou: "[...] aprendi a contentar-me em toda e qualquer circunstância" (4.11).

O apóstolo havia experimentado os dois lados da moeda: a fome e a fartura, a abundância e a pobreza. Seria compreensível se usasse a oportunidade para desabafar sobre suas lutas, mas ele não o fez. Pelo contrário, Paulo usou a tribulação para testemunhar sobre a plenitude que há no Senhor, pois ele é quem nos fortalece, não importa a circunstância (v. 13).

Assim como Paulo, temos de aprender a contentar-nos em todas as situações, cientes de que as nossas necessidades são amplamente supridas por Deus. A mudança de perspectiva é crucial para reclamarmos menos e agradecermos mais. De acordo com Spurgeon: "Se nos queixássemos menos e adorássemos mais a Deus, seríamos mais felizes, e Deus seria mais glorificado".[2] Em vez de ressaltar tudo o que há de errado, negativo ou difícil no dia, devemos voltar os olhos para tudo de bom que o Senhor faz diariamente.

Além disso, os momentos de dificuldade e angústia também podem ser usados por Deus para fins positivos. Por meio do nosso testemunho, muitas pessoas podem ser edificadas e transformadas. Quando entendi isso, a forma com a qual eu encarava as dores do passado mudou e fui capaz de usar as minhas experiências para contribuir de alguma maneira com pessoas que enfrentam lutas semelhantes. Não devemos menosprezar a importância e a eficácia do nosso testemunho.

> **Os momentos de dificuldade e angústia também podem ser usados por Deus para fins positivos.**

[2] Livre tradução de SPURGEON, Charles. **Complain Less and Praise More**. December 4, 2016. Disponível em: https://thetransformedwife.com/complain-less-and-praise-more/. Acesso em: 17 fev. 2025.

Outra maneira de mudar esse hábito tão prejudicial é redirecionar o nosso modo de agir. Se algo nos incomoda ou fere, que gastemos menos tempo na reclamação e mais tempo na oração. Queixar-nos é muito diferente de apresentar a Deus as nossas súplicas. A murmuração nos torna amargos; a oração nos torna mais confiantes e cheios de fé. Por isso, é melhor dedicar-nos a orar do que a lamentar.

Imagine, como alternativa, passar o dia adorando a Deus e orando, em vez de reclamar todo o tempo. Ao abrir os olhos, você agradece pelo dia que o Senhor fez e pela noite de sono que passou. Em seguida, toma um café enquanto medita na Palavra no seu momento devocional. Ao sair para o trabalho, entende que o trânsito pode ser usado para ouvir músicas de louvor. Em vez de reclamar da temperatura, pode contemplar o céu e adorar a Deus mais uma vez por sua maravilhosa criação.

> **“Gastemos menos tempo na reclamação e mais tempo na oração.**

No trabalho, em vez de ficar com o semblante carrancudo, sorria para os colegas e realize as suas tarefas com gratidão pelo seu emprego e pela provisão divina. Enquanto almoça, reconheça a bondade de Deus em sustentar o seu corpo e renovar as suas forças para o restante do dia. No caminho para casa, reflita sobre o cuidado de Deus e aproveite o silêncio para meditar ou, então, ouça um *podcast* ou até um audiolivro para ser edificado.

Quando chegar à sua casa, abrace os familiares e lhes conte sobre o seu dia. Aproveite para ouvir com atenção e desfrutar os momentos junto ao seus. Prepare o jantar e, embora já se sinta cansado, pense em como será bom se alimentar com uma comida caseira e fresca. Por fim, ao se deitar, ore e agradeça a Deus pelo cuidado ao longo do dia e apresente a ele os seus pedidos, frustrações e medos.

Você percebe que não se trata de ignorar as inconveniências e dificuldades, mas como respondemos a elas? Quando mudamos a perspectiva e o foco, aprendemos que, mesmo em meio às situações mais difíceis, podemos nos contentar, pois Jesus é o pão que desceu do céu, a porção diária de que precisamos para ser plenamente satisfeitos.

APLICAÇÃO

Ao fim do dia, registre quais dificuldades ou inconveniências você enfrentou. Como você pode substituir as reclamações por oração e ação de graças ao lançar uma perspectiva positiva sobre essas situações?

Para memorizar

Porque ele sacia o sedento e satisfaz plenamente o faminto.

Salmos 107.9

ORAÇÃO

Deus amado, eu te agradeço por tudo o que tens feito na minha vida e pelas lições que tens me ensinado. Ajuda-me a desenvolver uma perspectiva diferente, de modo que eu reclame menos e agradeça mais. Faz-me ver o teu cuidado e provisão mesmo em meio às dificuldades e aos inconvenientes do dia a dia. Que em todas as situações eu encontre uma forma de testemunhar da tua bondade e fidelidade, pois tu supres cada uma das minhas necessidades.

Em nome do teu Filho, amém.

dia 16

Foque no que agrega

LEITURA BÍBLICA

Mateus 14.22-31

LEITURA COMPLEMENTAR

1Samuel 17.45-47

Em um mundo repleto de distrações e demandas constantes, é muito fácil perdermos o foco dos nossos objetivos e voltarmos a atenção aos obstáculos que encontramos pelo caminho. Como acontece com uma lupa, aquilo em que colocamos foco tende a ser ampliado. Costumo dizer que, se você foca nos problemas, eles se agigantam. O que ganha nossa atenção cresce e se multiplica, tanto as vitórias quanto as dificuldades.

Quando atentamos apenas aos problemas, eles se tornam gigantes. Ao olhar para eles, nós nos desviamos do propósito e da vontade de Deus. Se, porém, colocarmos foco naquilo que agrega e edifica, teremos mais clareza e convicção do que Deus preparou para a nossa vida. Dessa forma, não seremos detidos ou impedidos pelos problemas. O autor e pastor Max Lucado aconselhou: "Concentre-se nos gigantes — e você tropeçará. Concentre-se em Deus — e seus gigantes tropeçarão".[1]

> **Quando atentamos apenas aos problemas, eles se tornam como gigantes.**

Convido você a refletir neste momento: em que tem colocado foco? Será que tem se concentrado em excesso no passado, no que os outros dizem, nas suas inseguranças e nos seus medos, nas barreiras que tem enfrentado, nas dificuldades financeiras, nos problemas em casa ou no trabalho, de modo que tem se esquecido de olhar para o que pode lhe trazer transformação e crescimento espiritual? Você tem se concentrado em Deus ou nos gigantes?

Essa reflexão nos leva de volta à história de Davi, o jovem pastor de ovelhas que enfrentou o gigante filisteu. A história dele, contudo, envolve muito mais: Davi se tornou um guerreiro valente, rei poderoso e, sobretudo, servo fiel. Ele não teria conquistado nenhuma vitória se tivesse focado no tamanho de seu oponente ou dos exércitos adversários que enfrentou ao longo da vida, tampouco nas próprias falhas. Seu foco estava, acima de tudo, em seu Deus e naquilo que este havia preparado para ele:

> O Senhor é a minha luz e a minha salvação; a quem temerei? O Senhor é o meu forte refúgio; de quem terei medo? Quando homens maus avançarem contra mim para me devorar, eles, os meus inimigos e os meus adversários, é que tropeçarão e cairão. Ainda que um

[1] LUCADO, Max. **Derrubando Golias**: Descubra como superar os maiores obstáculos de sua vida. Rio de Janeiro, Thomas Nelson Brasil, 2017.

> exército se acampe contra mim, o meu coração não temerá; ainda que se declare guerra contra mim, mesmo assim estarei confiante (Salmos 27.1-3).

Como estava atento ao Senhor e aos seus planos, Davi não foi abalado; pelo contrário, permaneceu confiante. Assim também deve ser conosco: ao depositarmos a confiança em Deus e nos propósitos dele, não seremos enfraquecidos nem nos desviaremos do nosso objetivo. Se, porém, voltarmos os olhos para as adversidades e os ventos contrários, certamente seremos tomados pelo medo, pela insegurança e pelo senso de impotência.

> **Você tem se concentrado em Deus ou nos gigantes?**

Consideremos o conhecido episódio em que Pedro andou sobre as águas com Jesus. Está escrito em Mateus 14.22-31:

> Logo em seguida, Jesus insistiu com os discípulos que entrassem no barco e fossem adiante dele para o outro lado, enquanto ele despedia a multidão. Tendo despedido a multidão, subiu sozinho a um monte para orar. Ao anoitecer, ele estava ali sozinho, mas o barco já estava a considerável distância de terra, fustigado pelas ondas, porque o vento soprava em sentido contrário.
>
> Alta madrugada, Jesus dirigiu-se a eles, andando sobre o lago. Quando o viram andando sobre o lago, ficaram aterrorizados e disseram:
>
> — É um fantasma!
>
> E gritaram de medo.
>
> Mas Jesus imediatamente lhes disse:
>
> — Tenham coragem! Sou eu! Não tenham medo!
>
> — Senhor — disse Pedro —, se és tu, manda-me ir ao teu encontro sobre as águas.
>
> — Venha — ele respondeu.
>
> Então, Pedro saiu do barco, andou sobre as águas e foi em direção a Jesus. Mas, quando reparou no vento, ficou com medo e, começando a afundar, gritou:

— Senhor, salva-me!
Imediatamente, Jesus estendeu a mão, segurou-o e disse:
— Homem de pequena fé, por que você duvidou?

Ao ler esse relato, talvez sejamos tentados a encher o peito e dizer: "Eu não teria feito o que Pedro fez!". Mas a verdade é que, com frequência, agimos exatamente como o discípulo. Pedro estava andando sobre as águas — que maravilha! No entanto, seus olhos se desviaram: o discípulo "reparou no vento, ficou com medo e, começando a afundar, gritou: 'Senhor, salva-me!' ". Pedro não mais olhava para Jesus, e sim para o vento, que era o problema.

De igual maneira, quando tiramos o foco de Jesus e passamos a nos concentrar somente nos problemas, somos tomados pelo medo. Contudo, a boa notícia para nós e para Pedro é que Jesus continua ali, pronto para nos estender a mão e nos salvar. Ao olhar para ele, percebemos que seu poder é infinitamente maior do que os nossos obstáculos e dificuldades.

O Deus que nos capacita a cumprir os propósitos que ele mesmo nos designou estende a mão para nos ajudar quando vacilamos. Nele podemos confiar em todo tempo. Pedro provou disso não apenas ao andar sobre as águas em direção a Jesus e ao ser sustentado por suas mãos quando teve medo; esse discípulo também provou do cumprimento do grandioso propósito de Deus para sua vida: "[...] você é Pedro, e sobre esta pedra edificarei a minha igreja, e as portas do Hades não poderão vencê-la" (Mateus 16.18).

> **O Deus que nos capacita a cumprir os propósitos que ele mesmo nos designou estende a mão para nos ajudar quando vacilamos.**

Se Pedro tivesse se concentrado somente em suas fraquezas, certamente estas se tornariam tão gigantes que o impediriam de se tornar aquilo que o Senhor disse a seu respeito. Se tivesse se deixado ser moldado e definido por esse episódio de falta de confiança, com certeza não poderia cumprir seu propósito.

Que bom seria se, em vez de ver os nossos problemas se tornarem gigantes ao nos concentrarmos neles, focássemos em Jesus e multiplicássemos a fé, a esperança e a confiança. Que bom seria se o amor, a justiça, a pureza e a bondade crescessem na nossa vida por pensarmos "nas coisas do alto, não nas coisas da terra" (Colossenses 3.2).

Isso somente é possível quando deixarmos de enxergar a vida com olhos naturais e passarmos a vê-la com os olhos da fé. Foque no que, de fato, importa. Tire a lupa dos problemas. Concentre-se no amor do Pai e na graça manifesta pelo sacrifício de Jesus; na presença do Espírito Santo, que habita em nós; no propósito que Deus designou para você ao criá-lo; na bondade, fidelidade e justiça divinas. Foque no que contribui para o seu crescimento e lhe traz edificação.

APLICAÇÃO

Reflita sobre o que foi dito até aqui e responda:

- Em que você tem se concentrado?
- O que tem sido expandido e ampliado na sua vida: os problemas ou as coisas que edificam e agregam?
- Como você pode mudar o foco de maneira que contribua para o seu crescimento e para o cumprimento do propósito designado por Deus?

Para memorizar

Finalmente, irmãos, pensem em tudo o que for verdadeiro, tudo o que for digno de respeito, tudo o que for justo, tudo o que for puro, tudo o que for amável, tudo o que for de boa fama, em tudo o que houver alguma virtude ou algo de louvor.

Filipenses 4.8

ORAÇÃO

Senhor, ajuda-me a focar no que é importante e nas coisas que me aproximam de ti, do teu amor e do teu propósito para mim. Ajuda-me também a deixar de lado as distrações, os problemas e os medos que têm atuado como gigantes na minha vida e faz-me superá-los pela confiança em ti. Que eu volte a minha mente para as coisas do alto, não desta terra, pela fé. Não permitas que nenhuma circunstância me afaste da tua vontade para a minha vida.

Em nome de Jesus, amém.

dia 17

Leia mais a Bíblia

LEITURA BÍBLICA

Mateus 7.24-29

Uma pesquisa divulgada em novembro de 2024 na sexta edição da pesquisa *Retratos da leitura no Brasil* apresenta dados alarmantes a respeito da relação dos brasileiros com os livros. As estatísticas apontam uma queda de 6,7 milhões de leitores ao longo dos anos. Além disso, pela primeira vez desde 2001, a porcentagem de pessoas que não leem é maior do que a de leitores:

> 53% dos brasileiros com 5 anos ou mais (107,6 milhões de pessoas) não leram nenhum material publicado pelo mercado editorial, ou seja, nenhum livro de ficção, não

> ficção ou autoajuda, nenhum calhamaço didático, nenhuma história juvenil nem mesmo uma passagem religiosa da Bíblia ao longo dos três meses que antecederam a pesquisa. Para a leitura de livros inteiros, o percentual é ainda menor: 73% dos brasileiros (148 milhões) não completaram nenhuma leitura.[1]

Quão preocupantes são esses resultados! Existem muitos motivos pelos quais a leitura tem sido negligenciada, e devemos combatê-los e incentivar esse hábito cada vez mais. Contudo, paremos um momento para refletir sobre este trecho da matéria: "[...] não leram [...] nem mesmo uma passagem religiosa da Bíblia". Por que as Sagradas Escrituras têm sido deixadas de lado? Por que os cristãos não têm, de maneira geral, interesse no alimento espiritual?

O acesso à Bíblia nunca foi tão fácil quanto hoje: ela está disponível em diversas versões, em formato físico e digital, em aplicativos gratuitos de leitura e audiolivros, no formato de estudos aprofundados e, ainda assim, de fácil linguagem. As desculpas de falta de tempo e recursos já não podem ser usadas, pois há soluções de todo tipo para elas.

> **Por que os cristãos não têm, de maneira geral, interesse no alimento espiritual?**

Alguns podem argumentar que a Bíblia se tornou obsoleta. No entanto, a Palavra de Deus é sempre viva e eficaz (cf. Hebreus 4.12). Como afirmou Billy Graham: "A Bíblia é mais atual do que o jornal de amanhã!".[2] A Palavra jamais se tornará antiquada; nunca haverá um tempo em que não precisaremos dela.

---

[1] GELLI, Thiago. Pesquisa aponta que mais da metade dos brasileiros não lê livros. **Veja Cultura**, 19/11/2024. Disponível em: https://veja.abril.com.br/cultura/pesquisa-aponta-que-mais-da-metade-dos-brasileiros-nao-le-livros#google_vignette. Acesso em: 12 fev. 2025.

[2] Livre tradução de 10 Quotes from Billy Graham on the Bible. The Billy Graham Library, February 10, 2022. Disponível em: https://billygrahamlibrary.org/blog-10-quotes-from-billy-graham-on-the-bible/. Acesso em: 17 fev. 2025.

A Bíblia é mais do que um livro de contos épicos ou um registro histórico, é a forma pela qual Deus nos permite conhecê-lo de maneira cada vez mais íntima e profunda, aliada à oração. Na conversão, temos um encontro com Deus. Pela leitura da Bíblia, podemos nos relacionar com ele diariamente e compreender como ele deseja que vivamos. O primeiro encontro dá início à transformação, mas é o relacionamento constante que de fato nos transforma segundo sua vontade.

Na nossa busca por uma vida agradável a Deus, segundo sua soberana vontade, não podemos ser bem-sucedidos sem a leitura e a prática da Palavra. O pastor A. W. Tozer, autor de diversos livros sobre vida cristã, relacionamento com Deus e santificação, constatou: "Nunca vi um cristão útil que não seja estudante da Bíblia. Não existem atalhos para a santidade". O escritor escreveu:

> Embora o verdadeiro poder não esteja na letra do texto, mas no Espírito que a inspirou, jamais devemos subestimar o valor da letra. [...] o Espírito da verdade não opera à parte da letra das Sagradas Escrituras. Por essa razão, uma crescente familiaridade com o Espírito Santo sempre significará um crescente amor pela Bíblia. As Escrituras são em publicação impressa o que Cristo é em pessoa.[3]

Portanto, uma vida de santidade depende de que conheçamos a Palavra e sejamos praticantes dela. De nada adianta conhecermos o que diz a Bíblia se não nos empenharmos a vivê-la dia após dia, submissos à ação do Espírito em nós.

Jesus ensinou sobre isso ao comparar aquele que ouve suas palavras e as pratica a um homem prudente que construiu sua casa sobre

> **De nada adianta conhecermos o que diz a Bíblia se não nos empenharmos a vivê-la dia após dia.**

[3] TOZER, A. W. **Homem: o local onde Deus habita**. São Paulo: Hagnos, 2020. p. 146.

a rocha. "Caiu a chuva, transbordaram os rios, sopraram os ventos e deram contra aquela casa, mas ela não caiu, porque estava alicerçada na rocha" (Mateus 7.25). Aquele que ouve suas palavras e não as pratica, porém, "é como o insensato que construiu a sua casa sobre a areia. Caiu a chuva, transbordaram os rios, sopraram os ventos e deram contra aquela casa. Ela caiu, e foi grande a sua queda" (v. 26,27).

Se você deseja crescer e se fortalecer na fé, de modo que não seja abalado pelos rios e ventos, precisa conhecer e praticar a Palavra. Firmado na Rocha, que é Jesus Cristo, você não poderá ser abalado. A leitura da Bíblia nos edifica e prepara para os momentos de tribulação porque nos revela o caráter do Deus que jamais nos desampara e que é vitorioso sobre toda e qualquer situação adversa.

A Palavra é alimento para os famintos, luz para os perdidos, consolo para os aflitos, abrigo seguro na tempestade, escudo na batalha. Ela nos oferece conhecimento de Deus e de nós mesmos, orientação e direção, conforto e encorajamento, sabedoria do alto, disciplina e crescimento.

Se você ama a Deus, amará sua Palavra e se dedicará a conhecê-la e praticá-la. Não verá o momento de leitura bíblica como um item a ser assinalado na lista de tarefas diárias, mas como oportunidade de se aproximar de Deus e de sua vontade. Não verá seus ensinamentos como um conjunto de regras, mas como instruções que dão vida. Não verá as histórias como relatos fantásticos, mas como testemunhos de poder, amor, bondade, fidelidade, justiça e graça de Deus.

> **Se você ama a Deus, amará sua Palavra e se dedicará a conhecê-la e praticá-la.**

Os dados da pesquisa sobre a leitura no Brasil são preocupantes por uma série de motivos. A falta de leitura causa prejuízo em diversos níveis e esferas: redução da capacidade de concentração e da produtividade; dificuldade de aprendizado; empobrecimento do vocabulário; diminuição da empatia e criatividade. Como cristãos, o que mais deve nos causar incômodo é a quantidade de pessoas espiritualmente desnutridas e, como consequência, enfraquecidas.

A começar em nós, que nos dediquemos a buscar a Palavra e a nos relacionar com Deus por meio dela. Que possamos afirmar, como fez o profeta Jeremias: "As suas palavras são o meu alimento; elas enchem o meu coração de alegria! Eu tenho orgulho de ser conhecido como uma pessoa que ama o Senhor, o Deus Todo-poderoso!" (Jeremias 15.16, NBV).

APLICAÇÃO

Responda com sinceridade:

- Como você se sente com relação aos dados apresentados?
- Você faz parte da porcentagem de brasileiros que leem? Se você se considerar fraco no quesito leitura, o que pode fazer para mudar a situação?
- Qual é a importância da leitura constante da Palavra?
- Se você ainda não separou um momento específico do seu dia para ler a Bíblia, defina-o agora, dentro das suas possibilidades. Se possível, leia em um lugar livre de distrações, para poder se concentrar totalmente no conteúdo. Escolha uma versão bíblica e, se desejar, adote um plano de leitura. Você também pode recorrer a outros materiais, como canetas, blocos de anotações ou cadernos se desejar.

Para memorizar

Toda a Escritura é inspirada por Deus e útil para o ensino, para a repreensão, para a correção e para a instrução na justiça, a fim de que o homem de Deus seja apto e plenamente preparado para toda boa obra.

2Timóteo 3.16,17

ORAÇÃO

Pai, eu te agradeço pela tua Palavra, que graciosamente nos concedeste como forma para te conhecer e buscar. Conduz-me, pelo poder do Espírito Santo, a ser transformado todos os dias, segundo a tua vontade e o teu propósito. Ensina-me, Pai, os teus caminhos e os desejos do teu coração. Que a leitura e a prática da Bíblia produzam frutos para a tua glória e para a minha edificação e a do próximo.

Em nome do teu Filho, Jesus. Amém.

Estabeleça metas

dia 18

LEITURA BÍBLICA

Lucas 4.38-44

Quantas vezes você já encontrou um viajante na rodoviária ou no aeroporto, prestes a embarcar sem destino definido? Quantas vezes você começou uma receita sem saber o que queria preparar? Imagino que nunca tenha ocorrido. Isso jamais acontece porque precisamos de planejamento. Até mesmo o indivíduo mais espontâneo tem de se organizar e fazer planos.

Assim como ninguém sai para viajar sem rumo nem prepara uma receita indefinida, não estamos neste mundo à toa. Deus nos criou segundo seu propósito e, para que o alcancemos, precisamos ter motivação, foco, direcionamento e discernimento. O apóstolo Paulo afirmou que estamos na corrida da vida "para ganhar uma coroa imperecível", portanto não podemos correr "como quem corre sem alvo" (cf. 1Coríntios 9.25,26). Por isso é tão importante estabelecer metas claras e alcançáveis.

Diante da palavra "meta", muitos reviram os olhos e pensam na frustração de planos traçados no início do ano e jamais concretizados. Assim, no ano seguinte, a meta de emagrecer 5 quilos aumenta para 10; a resolução de ler um livro por mês diminui para dois ao ano; o objetivo de investir se torna o de não se endividar mais. Talvez alguns pensem, ainda, em algo como: "Na segunda-feira vou começar a academia". E essa segunda-feira não chega nunca.

No entanto, estabelecer metas vai muito além disso. O dicionário Michaelis define a palavra como: "Ponto que se procura atingir com algo; alvo, mira; fim a que se dirigem as ações ou os pensamentos de alguém".[1] Ou seja, se você tem pensamentos direcionados a uma finalidade, tem uma meta. Se tem um alvo, tem uma meta. Metas podem ser os planos que traçamos e não verbalizamos; os sonhos que nutrimos no coração; a agenda que organizamos para a semana.

Ter metas nos ajuda a permanecer focados em um propósito e a não nos desviar dele.

Ter metas nos ajuda a permanecer focados em um propósito e a não nos desviar dele. Pense em uma ida ao mercado. Se você tem uma lista dos itens de que precisa, sabe aonde ir e o que procurar. Quando, porém, você vai ao mercado sem uma lista do que é

---

[1] META. In: **Michaelis Moderno Dicionário da Língua Portuguesa**. Disponível em: https://michaelis.uol.com.br/moderno-portugues/busca/portugues-brasileiro/meta/. Acesso em: 13 fev. 2025.

necessário, pode se distrair com as opções, comprar o desnecessário e deixar de comprar o que é útil.

Na vida é assim também. Se temos clareza de onde estamos, de para onde vamos e do que precisamos, não nos descuidamos e somos mais assertivos. As metas nos ajudam a fazer bom uso do nosso tempo e a nos mover com intencionalidade. Sabemos que não devemos desperdiçar a vida com aquilo que não faz parte dos nossos planos nem da vontade de Deus para nós.

Em Lucas 4, lemos a respeito da ocasião em que Jesus foi à casa de Simão Pedro, visto que a sogra do discípulo estava enferma. Naquele dia, ele curou não somente a sogra de Simão, como também outras pessoas doentes e endemoniadas. Quando Jesus se recolheu para um lugar deserto, a multidão o procurou e, ao encontrá-lo, insistiu em que ele não fosse embora. No versículo 43, encontramos a resposta de Jesus ao pedido: "Ele, porém, disse: 'É necessário que eu pregue o evangelho do reino de Deus em outras cidades também, porque para isso fui enviado' ".

> **"As metas nos ajudam a fazer bom uso do nosso tempo e a nos mover com intencionalidade.**

Esse trecho nos mostra que Jesus tinha clareza de seu propósito na terra ("para isso fui enviado") e tinha objetivos para dar cumprimento a esse propósito ("É necessário que eu pregue o evangelho do reino de Deus em outras cidades também"). Em seguida, lemos que Jesus "continuava pregando nas sinagogas da Judeia" (v. 44). Cristo tinha consciência do motivo pelo qual fora enviado e do que precisava fazer a fim de exercer seu chamado.

Além disso, ter objetivos claros nos motiva a seguir em frente perante as adversidades. Jesus tinha plena convicção de seu objetivo no mundo, de modo que, mesmo ao enfrentar a tentação no deserto, a rejeição dos seus conterrâneos, a crítica dos fariseus e mestres da lei em diversas ocasiões, perseguições e conspirações, zombaria, a traição de seu discípulo, a crucificação e a morte de cruz, ele permaneceu fiel. Jesus jamais falhou, pecou ou murmurou. Ele é o nosso maior exemplo de propósito e de cumprimento dos objetivos estabelecidos.

Jesus é o nosso maior exemplo de propósito e de cumprimento dos objetivos estabelecidos.

No livro *A força da oração perseverante*, Mark Batterson escreveu: "[...] a maioria de nós não recebe o que quer simplesmente porque não sabemos o que queremos. Jamais damos voltas em torno das promessas de Deus. Nunca escrevemos uma lista de objetivos para a vida. Nunca definimos o sucesso para nós mesmos".[2] Houve um tempo em que vivi dessa forma, vaguei pela vida sem saber aonde ir. Eu não tinha sonhos nem ambições, estava completamente desmotivado, porque a minha vida, até então, se resumia à dor e ao sofrimento.

Quando, porém, conheci o amor de Deus e entendi que ele tem um propósito para a minha vida, comecei a sonhar e a traçar planos, e estes me deram coragem e renovaram as minhas forças. Ainda que eu enfrentasse dificuldades, inseguranças e medos, as metas me deram a motivação de que eu precisava para seguir em frente, não mais sem alvo, e sim em direção à vontade de Deus para mim.

Você não precisa esperar o início do ano ou a chegada da segunda-feira para planejar e ir atrás dos seus objetivos. Então, comece hoje! Ao traçar metas, você se propõe a agir de acordo com o seu propósito. Se você deseja viver os desígnios de Deus, não pode

---

[2] BATTERSON, Mark. **A força da oração perseverante**. Rio de Janeiro: Thomas Nelson Brasil, 2012.

andar por aí sem direção; deve ser assertivo, intencional e permanecer firme mesmo diante dos desafios, a exemplo do nosso Senhor Jesus Cristo, que cumpriu com excelência seu propósito e se manteve fiel à vontade do Pai.

APLICAÇÃO

"Entregue ao Senhor tudo o que você faz, e os seus planos serão estabelecidos" (Provérbios 16.3). Podemos formar o acrônimo cristão FAITH (fé, em inglês) para a definição de metas, no qual cada letra representa um princípio bíblico:

- F (Firme na Palavra) – A meta deve estar alinhada com os princípios bíblicos (Salmos 119.105: "Lâmpada para os meus pés é a tua palavra, e luz para o meu caminho", ARA).
- A (Agradável a Deus) – O objetivo deve glorificar a Deus, não apenas satisfazer desejos pessoais (1Coríntios 10.31: "Portanto, quer comais, quer bebais ou façais qualquer outra coisa, fazei tudo para glória de Deus", ARA).
- I (Inspirado pelo Espírito Santo) – O planejamento deve vir de um coração guiado pelo Espírito Santo (Provérbios 3.5,6: "Confia no Senhor de todo o teu coração e não te estribes no teu próprio entendimento", ARA).
- T (Trabalhado com diligência) – Deus abençoa aqueles que trabalham com esforço e disciplina (Provérbios 21.5: "Os planos do diligente tendem à abundância, mas a pressa excessiva, à pobreza", ARA).
- H (Honrado no tempo de Deus) – A meta deve respeitar o tempo e a vontade de Deus (Eclesiastes 3.1: "Tudo tem o seu tempo determinado, e há tempo para todo propósito debaixo do céu", ARA).

De acordo com esse acrônimo, ao estabelecer metas, devemos sempre buscar a direção de Deus, confiando em que ele guiará os nossos passos conforme sua vontade. Quando fundamentamos os nossos objetivos na Palavra, buscamos agradar a Deus, permitimos que o Espírito Santo nos inspire, trabalhamos com diligência e respeitamos seu tempo, temos a certeza de que estamos caminhando segundo o propósito divino.

Para memorizar

Confie ao SENHOR tudo que você faz, e seus planos serão bem-sucedidos.

Provérbios 16.3, NVT

ORAÇÃO

Meu Deus, creio que tu tens para a minha vida um propósito que está muito além de qualquer plano que eu possa traçar. Alinha os meus sonhos, desejos e objetivos aos teus. Dá-me discernimento e sabedoria para estabelecer metas conforme o teu propósito, e obediência para permanecer fiel a ti em todo tempo.

Quando a minha força se esvair e o meu ânimo se dissipar, que o teu Espírito me fortaleça e restaure o meu vigor. Ajuda-me, Senhor, a cumprir os meus objetivos e a prosseguir até o fim com aquilo que eu iniciar.

Amém.

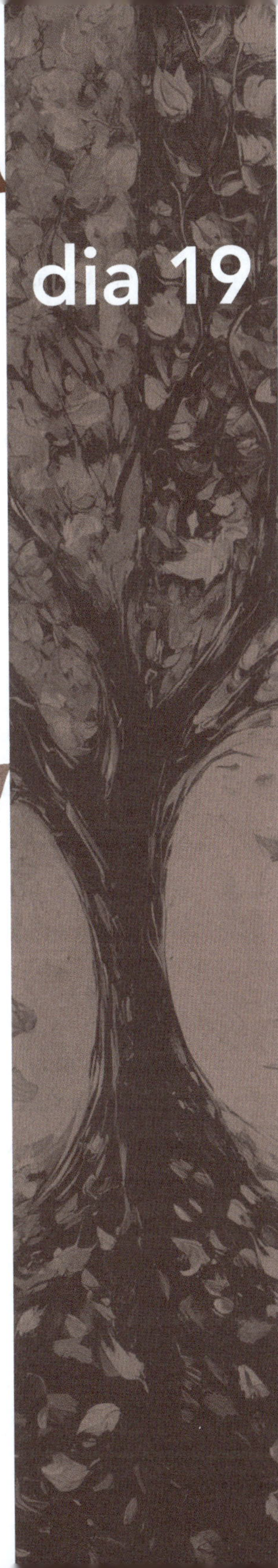

dia 19

Aprenda a reconhecer e a reparar os seus erros

LEITURA BÍBLICA
Lucas 15.11-31

A realidade que paira sobre a humanidade desde a Queda é a de que somos pecadores e, portanto, falhos. O pecado causou uma separação entre os seres humanos e Deus. No entanto, a beleza do evangelho está no fato de que o Pai graciosamente enviou o Filho para nos purificar e nos unir a ele outra vez.

Isso não significa, porém, que nos tornamos perfeitos assim que nos convertemos.

A partir do momento da nossa conversão, quando aceitamos Jesus Cristo como Senhor e Salvador, começamos a viver uma nova vida, mas continuamos suscetíveis ao erro. É por esse motivo que, dia após dia, devemos nos entregar a Deus e renovar o nosso compromisso de andar em seus caminhos. Não é pela nossa própria força ou capacidade, mas pela atuação do Espírito Santo em nós, que nos molda de acordo com a vontade de Deus Pai.

Uma das dificuldades e dos perigos ao longo da caminhada cristã é nos tornarmos orgulhosos. O orgulho nos insensibiliza à ação do Espírito Santo e nos impede de reconhecer que somos falhos e dependentes da graça de Deus. Pessoas orgulhosas colocam uma barreira que as isola de Deus e do próximo. Espiritualmente cegas, resistem à mudança, rejeitam as consequências de seus atos e caminham em direção à autodestruição. Em Provérbios 16.18, encontramos o alerta: "O orgulho vem antes da destruição; o espírito altivo, antes da queda".

Pessoas orgulhosas colocam uma barreira que as isola de Deus e do próximo.

Além disso, o orgulho pode levar muitas pessoas a apontarem as falhas dos outros e a ignorarem os próprios erros. A hipocrisia se esconde sob a máscara de perfeição. Não podemos ser tão cheios de nós mesmos a ponto de não vermos as nossas fraquezas e, ainda assim, nos considerarmos capazes de denunciar as do próximo. Jesus advertiu a esse respeito em Mateus 7.3-5:

> — Por que você repara no cisco que está no olho do seu irmão, mas não se dá conta da viga que está no seu próprio olho? Como você pode dizer ao seu irmão: "Deixe-me tirar o cisco do seu olho", quando há uma viga no seu? Hipócrita, tire primeiro a viga do seu olho e, então, você verá claramente para tirar o cisco do olho do seu irmão.

Contudo, da mesma forma que está para nascer alguém que não precise da graça de Deus concedida por intermédio de Jesus, não existe ninguém tão perdido que a graça não possa alcançá-lo. Deus, o nosso Pai amoroso, não espera que sejamos perfeitos; ele sabe que pecamos. O que ele espera de nós é que, ao errarmos, reconheçamos os nossos erros e nos voltemos para ele em arrependimento. Ele espera que as nossas falhas e fraquezas nos ensinem algo, para que não voltemos a agir da mesma maneira.

Como pai, a minha responsabilidade é a de instruir, aconselhar e ensinar os meus filhos no caminho certo, mas isso não garante que eles não errarão. No entanto, eles sabem que nada do que fizerem pode diminuir ou acabar com o meu amor por eles. Mesmo quando falham, sabem que têm um pai amoroso para discipliná-los, perdoá-los e ajudá-los a aprender com a situação e com as consequências.

Deus Pai é infinitamente mais misericordioso. Ele não nos vira as costas quando erramos nem nos rejeita, tampouco deixa de nos amar. Ele não nos amará mais se formos justos e não nos amará menos se pecarmos, porque seu amor não é concedido segundo o nosso mérito. Se, porém, desejamos viver uma vida agradável a ele, uma vida de obediência em resposta a seu imerecido amor, temos de reconhecer os nossos erros e aprender com eles. Certa vez chamei meu filho e lhe disse o seguinte: "João Pedro, na vida você fará escolhas e vez ou outra cometerá erros, mas eu sempre serei seu pai, independentemente de qualquer situação. Ainda assim, o caminho que você decidir seguir poderá trazer alegria ao meu coração ou enchê-lo de tristeza".

"Se, porém, desejamos viver uma vida agradável a Deus, uma vida de obediência em resposta a seu imerecido amor, temos de reconhecer os nossos erros e aprender com eles.

As histórias da Bíblia nos mostram pessoas imperfeitas que, apesar das falhas, ensinam como devemos proceder após o erro. Quando Davi foi repreendido pelo profeta Natã por ter adulterado com Bate-Seba, poderia ter sido o início de uma vida de depravação, mas o rei se arrependeu e confessou: "Pequei contra o Senhor!" (cf. 2Samuel 12.13). Ele suplicou: "Cria em mim um coração puro, ó Deus, e renova dentro de mim um espírito estável" (Salmos 51.10).

Aquele rei não foi reconhecido pelo próprio Deus como um homem segundo seu coração (cf. Atos 13.22) porque era perfeito. Davi era um homem ciente de sua condição pecaminosa e de quanto carecia da graça e do perdão do Senhor. Embora fosse rei e guerreiro valente, era submisso ao Altíssimo. Apesar de suas riquezas abundantes, seu maior tesouro estava em Deus. Davi se derramava na presença do Senhor, se quebrantava, adorava com cânticos e danças e reconhecia que os caminhos divinos são sempre perfeitos e justos.

> **O maior tesouro de Davi não era a abundância de riquezas, mas a presença de Deus em sua vida.**

E o que acontece quando, a exemplo de Davi, reconhecemos os nossos erros, nos arrependemos e aceitamos as consequências? Podemos encontrar a resposta na parábola do filho perdido, contada por Jesus.

Você deve conhecer a história de um homem que tinha dois filhos. Certa vez, o mais novo pediu ao pai que adiantasse sua parte da herança. O pai repartiu o montante entre os dois. Em pouco tempo, o mais novo juntou tudo o que tinha e foi para outro lugar. Lá, ele desperdiçou seus bens e fez tudo o que desejou. Algum tempo depois, houve fome na região, e o rapaz começou a passar necessidades. Por isso, foi cuidar dos porcos de um dos moradores daquele lugar, mas, ainda assim, não conseguia nada para comer. Jesus contou:

> — Caindo em si, disse: "Quantos empregados do meu pai têm comida com fartura, e eu aqui morrendo de fome! Vou me levantar, voltar para o meu pai e dizer a ele: 'Pai, pequei contra o céu e contra ti. Já não sou digno de ser chamado teu filho; trata-me como um dos teus empregados' " (Lucas 15.17-19).

O rapaz fez o percurso de volta para casa. Imagino que ele estivesse ensaiando o que diria, pensando no que faria na pior das hipóteses. Talvez sentisse vergonha por ter de confessar seu erro, o que derrubaria o orgulho de uma vez por todas. Ainda de longe, o pai o avistou. Então, aquele filho, que deixara tudo para trás, viu seu pai correr em sua direção. Quando se encontraram, o pai abraçou o filho com força.

O filho se apressou em fazer o discurso que havia preparado: "Pai, pequei contra o céu e contra ti. Não sou mais digno de ser chamado teu filho" (v. 21). Mas, para sua surpresa, o pai disse aos servos:

> "Depressa! Tragam a melhor roupa e vistam nele. Coloquem-lhe um anel no dedo e calçados nos pés. Tragam o novilho gordo e matem-no. Vamos comer e festejar. Pois este meu filho estava morto e voltou à vida; estava perdido e foi achado". Então, começaram a festejar o seu regresso (v. 22-24).

O rapaz confessou seu erro e estava pronto para assumir as consequências, mas foi constrangido pelo amor e pelo perdão de seu pai. Da mesma forma, o Pai nos constrange com seu amor ao nos receber de braços abertos todas as vezes que, arrependidos, nos aproximamos dele e reconhecemos que precisamos de sua graça.

> **Escolha ter uma vida agradável a Deus Pai, com a ajuda do Espírito Santo para conduzir e orientar você.**

Portanto, abandone o orgulho e olhe para você mesmo com disposição para reconhecer os seus erros e repará-los. Escolha ter uma vida agradável a Deus Pai, com a ajuda do Espírito Santo para conduzi-lo e orientá-lo. E, todas as vezes que você pecar, aproxime-se do Pai em oração e confesse os seus pecados e a necessidade do auxílio divino para prosseguir. Como Davi, ore: "Cria em mim um coração puro, ó Deus, e renova dentro de mim um espírito estável" (Salmos 51.10).

APLICAÇÃO

Separe um momento para refletir: Você tem sido orgulhoso? Qual é a sua conduta após cometer um erro? Qual é a diferença entre reconhecer e reparar as próprias falhas e permanecer no erro?

Para memorizar

Se confessarmos os nossos pecados, ele é fiel e justo para perdoar os nossos pecados e nos purificar de toda injustiça.

1João 1.9

ORAÇÃO

Pai, perdoa-me pelos meus pecados e por todas as vezes em que fiz algo que desagrada ao teu coração. Conduz-me pelos teus caminhos e ensina-me a viver de maneira agradável a ti.

Não permitas, meu Deus, que o orgulho coloque uma barreira no meu relacionamento contigo e com o próximo. Dá-me um coração aberto, sempre disposto a pedir perdão e a ouvir a tua disciplina. Que o meu coração não seja duro nem insensível à tua direção, mas humilde e contrito.

Em nome de Jesus. Amém.

Seja leal

dia 20

LEITURA BÍBLICA

João 15.9-17

A lealdade é uma virtude essencial que permeia relacionamentos, compromissos e valores. Diferentemente de uma simples obrigação ou conveniência, a lealdade envolve compromisso genuíno e integridade.

No contexto bíblico, essa característica é ainda mais profunda, pois reflete um atributo do próprio Deus, que é fiel e constante em seu amor e promessas. Na Bíblia, encontramos diversas referências ao seu amor leal (cf. Salmos 44.26, Lamentações 3.32, Jonas 2.8), e o Pai afirma a respeito de si mesmo: "[...] eu sou o Senhor e ajo com lealdade [...]" (Jeremias 9.24).

Mas o que significa ser leal? Uma pessoa leal é íntegra e demonstra fidelidade para com seus valores e para com as outras pessoas. O indivíduo leal é, além disso, comprometido, constante, respeitoso, honesto e benevolente.

Como seguidores de Cristo, somos chamados a refletir essa lealdade na nossa vida, sendo fiéis não apenas a Deus, mas também às pessoas e aos valores que professamos.

O profeta Oseias exortou o povo: "Portanto, volte para o seu Deus, pratique a lealdade e a justiça e confie sempre no seu Deus" (Oseias 12.6). Para viver uma vida agradável a Deus, a lealdade é uma característica essencial: "O Senhor detesta os lábios mentirosos, mas os que agem com lealdade lhe agradam" (Provérbios 12.22).

No Antigo Testamento, temos o exemplo de amizade entre Davi e Jônatas. Jônatas era filho de Saul e grande amigo de Davi. Em meio às perseguições de seu pai, Saul, ao amigo Davi, Jônatas prometeu: "[...] Se eu tiver a menor suspeita de que o meu pai está decidido a matá-lo, certamente o avisarei" (1Samuel 20.9). Ele também pediu: "Se eu continuar vivo, seja leal comigo, com a lealdade do Senhor; se, porém, eu morrer, jamais deixe de ser leal à minha família [...]" (v. 14,15).

> **Somos chamados a refletir lealdade na nossa vida, sendo fiéis não apenas a Deus, mas também às pessoas e aos valores que professamos.**

Ao saber da morte do amigo, "Davi rasgou as próprias vestes, e os homens que estavam com ele fizeram o mesmo. Eles se lamentaram, chorando e jejuando até o fim da tarde, por Saul e por Jônatas, o seu filho [...]" (2Samuel 1.11,12).

Mais adiante, lemos o relato do cumprimento da aliança de Davi. Já no trono, o rei perguntou se havia algum familiar vivo de Saul a quem pudesse demonstrar bondade em razão de sua amizade com Jônatas.

Quando soube de Mefibosete, filho de seu amigo, Davi ordenou que ele fosse levado ao palácio e lhe disse: "Não tenha medo [...], pois é certo que eu o tratarei com bondade por causa de Jônatas, o seu pai. Vou devolver-lhe todas as terras que pertenciam ao seu avô, Saul, e você comerá sempre à minha mesa" (2Samuel 9.7). Davi honrou a promessa que fizera a Jônatas, demonstrando lealdade e benevolência.

Como ele, devemos honrar os compromissos que assumimos e agir com bondade para com as pessoas. O nosso caráter deve ser sempre íntegro. Davi poderia ter se esquecido ou ignorado o pacto que fizera com Jônatas, visto que este já havia morrido, mas não o fez, pois era um homem leal. A lealdade reflete a condição do nosso coração; é uma manifestação externa que revela quem somos no interior.

Outro exemplo de lealdade foi Rute, que escolheu permanecer com a sogra, Noemi, mesmo após a morte do marido. Apesar de Noemi insistir em que Rute voltasse à terra de sua família e procurasse outro homem com quem se casar, a nora declarou com ousadia e convicção: "Não insistas comigo para que te abandone e que não mais te acompanhe. Aonde fores, irei; onde repousares, ali repousarei! O teu povo será o meu povo, e o teu Deus será o meu Deus!" (Rute 1.16).

"A lealdade reflete a condição do nosso coração; é uma manifestação externa que revela quem somos no interior.

O belo gesto de Rute se revelou essencial para que o amargor de Noemi fosse transformado em adoração. Mais tarde, Deus deu a Rute um filho, Obede, que foi avô de Davi. Além de fazer parte da linhagem do rei Davi, ela também integrou a linhagem do Rei Jesus, como vemos em Mateus 1.5.

Esses exemplos nos mostram a importância de sermos leais às pessoas ao nosso redor, mas, sobretudo, leais a Jesus. Enquanto muitos renunciam a seus princípios e valores para viver para si mesmos e agradar ao mundo, precisamos ser leais ao Senhor. Billy Graham alertou: "A menos que homens de propósito, integridade e fé permaneçam unidos em lealdade inabalável a Jesus Cristo, o futuro do mundo será sombrio".[1]

Jesus Cristo foi nosso maior exemplo de lealdade. Ele foi leal para com Deus Pai, para com seu propósito e para com toda a humanidade. Todas as suas promessas se cumpriram, e ele viveu com retidão e integridade. Em João 15, Jesus chamou os discípulos a permanecerem em seu amor ao obedecerem a seus mandamentos e seguirem seus ensinos, da mesma forma que ele próprio obedeceu aos mandamentos de Deus.

> **Jesus arcou com uma dívida imensurável que não era sua para o nosso benefício. Em resposta a seu amor leal, ele pede a nós, seus seguidores, que aprendamos com ele a agir com lealdade.**

Temos de ser leais aos nossos amigos e familiares, aos nossos princípios e, acima de tudo, ao Pai. Isso significa que:

- ainda que passemos por tribulações e provações, continuaremos a obedecer aos mandamentos divinos e a honrar o nosso propósito;
- não negaremos a nossa fé, tampouco negociaremos os nossos valores e ideais;

[1] Citação livremente traduzida de 10 Quotes from Billy Graham on Integrity. Blog from the Billy Graham Library. February 13, 2021. Disponível em: https://billygrahamlibrary.org/blog-10-quotes-from-billy-graham-on-integrity/. Acesso em: 19 fev. 2025.

- cumpriremos as nossas promessas e não voltaremos atrás em nossa palavra, por mais que seja necessário sacrificar algo;
- seremos honestos, justos e imparciais em todas as situações;
- estenderemos a nossa mão para ajudar o próximo;
- viveremos segundo os padrões de conduta éticos e morais;
- amaremos o próximo e nos dedicaremos a servi-lo;
- advogaremos pelos direitos dos mais fracos, dos excluídos e dos desfavorecidos.

A lealdade exige muito de nós; não é fácil. Muitas vezes, precisaremos abrir mão do nosso conforto para isso. Contudo, precisamos nos lembrar de que Jesus Cristo saiu da zona de conforto e se sujeitou à maior dor já sentida para a nossa salvação. Jesus arcou com uma dívida imensurável que não era sua para o nosso benefício. Em resposta a seu amor leal, ele pede a nós, seus seguidores, que aprendamos com ele a agir com lealdade.

APLICAÇÃO

- Você conhece outro exemplo bíblico de lealdade?
- Como você demonstra a sua lealdade para com o próximo?
- Como você demonstra a sua lealdade a Jesus?
- O que você acha que pode mudar na forma de se relacionar com o próximo e com Deus para ser mais leal?

Para memorizar

Quem se esforça em seguir a justiça e a lealdade encontra vida longa, justiça e honra.

Provérbios 21.21, NBV

ORAÇÃO

Eu te agradeço, meu Senhor, pelo teu amor leal. Tu me concedes muito mais do que mereço e permaneces fiel às tuas promessas em todo o tempo. A tua lealdade não é abalada pelas minhas falhas.

Ensina-me a ser mais parecido contigo e a agir de maneira agradável ao teu coração. Conduz-me pelo caminho da lealdade. Que eu obedeça aos teus mandamentos e permaneça fiel aos teus preceitos. Amém.

dia 21

Concentre-se no presente

LEITURA BÍBLICA

Lucas 10.38-42

Você já deve ter assistido a algum filme em que o personagem principal viaja no tempo. Em algumas tramas, o protagonista volta para algum ponto do passado; em outras, avança para um momento futuro. A verdade é que a maioria de nós já pensou, pelo menos uma vez na vida, algo como: "Ah, como seria bom voltar no tempo e fazer isto diferente...", ou "Como eu gostaria de viver aquele tempo outra vez", ou, ainda, "Se eu pudesse, pularia esta fase da vida para viver o que virá depois".

Muitas vezes, isso acontece como forma de evitar o presente em razão de alguma dificuldade, ou por arrependimento, frustração, nostalgia, preocupações e incertezas com relação ao futuro. No entanto, como bem sabemos, o tempo está além do nosso controle; ele pertence a Deus.

O que está ao nosso alcance é definir qual será a nossa conduta e em que investiremos o tempo e os nossos esforços. O passado tem muito a nos ensinar e sempre será parte da nossa história, pois o Pai tem um propósito para tudo o que vivemos, mas ali não é o nosso lugar. De igual maneira, o futuro nos motiva, nos direciona e dá esperança, mas é no presente que temos de nos concentrar.

Em *Cartas de um diabo a seu aprendiz*, C. S. Lewis faz uma sátira da vida humana do ponto de vista do Diabo, por meio de uma troca de cartas do personagem Maldanado, um servo de Satanás, e seu sobrinho Vermelindo, que está aprendendo a tentar os seres humanos e a fazer que se afastem de Deus. Em uma das cartas, Maldanado escreve:

> **O tempo está além do nosso controle; ele pertence a Deus.**

> Os seres humanos vivem no tempo, mas nosso Inimigo os destinou à eternidade. Creio, portanto, que ele deseja que atentem especialmente para duas coisas: para a eternidade em si e para aquele ponto no tempo que eles chamam de presente, pois o presente é o ponto em que o tempo toca a eternidade. [...] Ele, portanto, quer que eles estejam constantemente interessados na eternidade (o que significa estarem interessados nele) ou no presente — quer meditando sobre a sua união eterna com ele, quer obedecendo à voz que está presente na sua consciência, carregando a cruz atual, recebendo a graça atual, dando graças pelo prazer atual.[1]

[1] LEWIS, C. S. **Cartas de um diabo a seu aprendiz**. Rio de Janeiro: Thomas Nelson Brasil, 2017. p. 84-85.

Ou seja, fomos criados para a eternidade; todavia, é no presente que nos relacionamos com Deus e vivemos para alcançar o nosso destino. Mais adiante, Maldanado diz que seu objetivo é que os seres humanos ajam de maneira contrária à vontade de Deus, isto é, não pensem na eternidade nem no presente, e sim fiquem presos ao passado ou sejam dominados pelo medo do futuro.

Não podemos estar tão presos ao passado a ponto de nos sentirmos incapazes de seguir em frente. Esse aprendizado transformou a minha perspectiva do tempo. Precisei curar os meus traumas de orfandade, solidão, insegurança, medos e timidez excessiva para libertar-me da prisão do passado e começar de fato a viver o presente. Não podemos voltar atrás e continuar aprisionados aos arrependimentos, às dores, frustrações ou oportunidades passadas. Como Paulo, precisamos deixar o que ficou para trás e prosseguir em direção ao nosso alvo (cf. Filipenses 3.13).

Tampouco devemos focar tanto no futuro — no que desejamos fazer, para onde queremos ir, o que almejamos conquistar — que não consigamos viver o hoje. Muitas vezes estamos tão sobrecarregados por preocupações quanto ao futuro que deixamos de viver o presente. A esse respeito, Jesus aconselhou: "[...] não se preocupem com o amanhã, pois o amanhã trará as suas próprias preocupações. Bastam a cada dia os seus próprios problemas" (Mateus 6.34).

> **A nossa identidade não é definida pelo que nos aconteceu no passado nem pelo que pode nos acontecer no futuro, podemos viver o hoje com confiança.**

Quando compreendemos que a nossa identidade não é definida pelo que nos aconteceu no passado nem pelo que pode nos acontecer no futuro, podemos viver o hoje com a confiança de que o Pai cuida de todos os nossos dias. É por essa confiança que nos movemos em direção ao propósito, ainda que as circunstâncias sejam contrárias. É por essa confiança que acordamos dia após dia e decidimos viver para a glória do Senhor.

Por mais difícil que seja esta fase da sua vida, a resposta não está em olhar para o passado ou em pensar no futuro como a solução para os problemas, mas em focar em Jesus. No capítulo 11 deste livro usei um exemplo que também é útil para esta reflexão: Maria, irmã de Marta e de Lázaro. No décimo capítulo do Evangelho de Lucas, o autor relata que Jesus e os discípulos foram recebidos na casa das irmãs. Enquanto Marta estava ocupada com os afazeres, Maria "ficou sentada aos pés do Senhor, ouvindo o que ele dizia" (v. 39).

Acordamos dia após dia e decidimos viver para a glória do Senhor.

Sentindo-se sobrecarregada, Marta se aproximou de Jesus e perguntou: "Senhor, não te importas que a minha irmã tenha me deixado sozinha com o serviço? Diz a ela que me ajude!" (v. 40). Jesus, porém, com uma curta resposta nos ensinou algo que devemos aplicar a cada dia da nossa vida: "Marta! Marta! Você está preocupada e inquieta com muitas coisas; contudo, apenas uma é necessária. Maria escolheu a boa parte, e esta não lhe será tirada" (v. 41,42).

Marta não estava fazendo a coisa errada; estava fazendo algo devido na hora errada. Sua irmã, no entanto, escolheu dedicar tempo a Jesus. Sua atenção estava voltada para ele. Sentada aos pés do Mestre, Maria colhia os frutos eternos do tempo bem investido. Ela escolheu a ação correta, algo que jamais poderia ser tirado dela, sem importar as circunstâncias.

Marta estava fazendo o que era esperado de uma mulher naquela época: praticar a hospitalidade. Enquanto ela se preocupava com a hospitalidade, Maria estava focada no hóspede. Esta fez bom uso do tempo que tinha com o Mestre ao se sentar aos pés dele e ouvir tudo o que ele tinha a dizer.

Como Marta, muitas vezes ficamos preocupados e inquietos e deixamos de nos concentrar no que importa. Talvez ela pensasse: "Tenho tanto a fazer em tão pouco tempo, e a minha irmã está ali, sentada, em vez de me ajudar". Já a irmã não conseguia pensar em nada além de dedicar tempo e atenção a Jesus. O comportamento de Maria mostra que ela não queria desperdiçar um segundo sequer deixando de estar na presença dele. Seu foco não estava nas tarefas, nas pessoas ou nas preocupações, mas no Senhor.

Nós nos preocupamos tanto com quão rapidamente o tempo passa, com a quantidade de tarefas a realizar, o que desejamos fazer antes de determinada idade... Enquanto essas inquietações tomam o nosso tempo, ele passa. Se, porém, focarmos no que está à nossa frente, veremos que não há melhor investimento do que estar aos pés de Jesus. Diante dele, podemos deixar o fardo do passado e as preocupações com relação ao futuro, para que possamos viver o hoje e nos concentrar nas maravilhas que ele faz e no que está bem à nossa frente.

> **Muitas vezes ficamos preocupados e inquietos e deixamos de nos concentrar no que importa.**

APLICAÇÃO

Você tem se concentrado mais no passado, no presente ou no futuro? Para voltar a sua atenção ao agora, liste três coisas que estão acontecendo em sua vida hoje e como você tem visto a graça de Deus nessas situações. Por exemplo:

"Estou enfrentando o desemprego, mas vejo que Deus tem suprido cada uma das minhas necessidades" ou "Estou trabalhando muito e sei que Deus tem me capacitado diariamente".

Para memorizar

Para tudo há uma ocasião certa; há um tempo certo para cada propósito debaixo do céu.

Eclesiastes 3.1

ORAÇÃO

Pai, eu sei que o tempo está nas tuas mãos. Coloco diante de ti todas as minhas preocupações, inseguranças e tudo o que tem desviado a minha atenção e me impedido de focar no presente.

Volta os meus olhos para tudo o que és e tudo o que tens feito. Que eu dedique todos os meus dias a estar aos pés de Jesus e a escolher a boa parte, que jamais me será tirada.

Em nome de Jesus, amém.

dia 22

Aprimore seus talentos

LEITURA BÍBLICA

Mateus 25.14-30

Na infância e na adolescência, o trauma da rejeição me fazia questionar a minha identidade a ponto de eu não reconhecer em mim nenhum talento ou habilidade. Lembro-me de que, nas aulas de educação física, eu nunca era chamado para fazer parte dos grupos ou para jogar bola. Nenhum dos alunos me queria em seu time.

No entanto, quando descobri a minha identidade como filho de Deus, entendi que tenho muitos talentos concedidos por ele. Nunca fui chamado para fazer parte de time algum na escola, mas Deus me escalou para um time ainda maior e melhor. O Senhor me chamou para participar das obras de seu Reino, usando as capacidades e características que ele próprio me deu e ensinando-me a desenvolvê-las.

O nosso Pai é tão maravilhosamente criativo que concedeu dons e atributos diferentes a cada um de seus filhos. Na nossa singularidade, somos capazes de cooperar para a edificação mútua do corpo de Cristo, a igreja, e colaborar para a expansão do Reino. Como o apóstolo Paulo escreveu na carta aos Romanos: "Como cada um de nós tem um corpo com muitos membros, e esses membros não têm todos a mesma função, assim, em Cristo, nós, que somos muitos, formamos um só corpo, e cada membro está ligado a todos os outros" (12.4,5).

O nosso Pai é tão maravilhosamente criativo que concedeu dons e atributos diferentes a cada um de seus filhos.

No time do qual fazemos parte, ninguém é mais importante que ninguém; nenhum jogador fica no banco. No entanto, assim como um atleta precisa de treino, alimentação equilibrada e cuidados com a saúde, precisamos exercitar e aprimorar as nossas capacidades, alimentar-nos da Palavra e cuidar da saúde espiritual.

Não devemos enterrar os talentos que Deus concedeu a cada um de nós nem negligenciá-los. Ele nos deu capacidades e características que nos permitem servir melhor a ele e ao próximo. Portanto, o que Deus nos designou não é nosso, e sim dele e para ele. No livro *Em busca de Deus*, Tozer escreveu:

> Os nossos dons e talentos também deveriam ser entregues a ele. Deveriam ser reconhecidos pelo que são — um empréstimo de Deus a nós —, e jamais considerados, em sentido algum, algo que nos pertence. Não temos mais direito de reivindicar crédito por habilidades especiais do que por olhos azuis ou músculos fortes. "Pois quem torna

você diferente de qualquer outra pessoa? O que você tem que não tenha recebido? [...]" (1Coríntios 4.7).[1]

Desse modo, os nossos talentos são empréstimos de Deus a nós; dons que nos foram confiados para que deles cuidemos até o dia em que finalmente nos encontraremos com ele. Portanto, temos de nos dedicar para que esses talentos sejam desenvolvidos, multiplicados e utilizados segundo seu propósito.

Jesus ilustra esse princípio ao contar aos discípulos a parábola de um homem que, ao sair de viagem, chamou os servos e dividiu entre eles o que tinha, "de acordo com a capacidade de cada um" (Mateus 25.15). Para o primeiro, deu cinco talentos; para o segundo, dois; para o último, um talento. Enquanto estava fora, o que havia recebido cinco talentos os aplicou com prontidão e duplicou a quantia, da mesma forma que o homem que havia recebido dois talentos. O último, porém, cavou um buraco no chão e escondeu o dinheiro.

Os nossos talentos são empréstimos de Deus a nós, dons que nos foram confiados para que deles cuidemos até o dia em que finalmente nos encontraremos com ele.

Quando o senhor voltou de viagem, ficou impressionado com os dois primeiros e disse a cada um: "Muito bem, servo bom e fiel! Você foi fiel no pouco; eu o porei sobre o muito. Venha e participe da alegria do seu senhor!" (v. 23). Quando o último servo se apresentou para prestar contas, disse: "Eu sabia que o senhor é um homem severo, que colhe onde não plantou e ajunta onde não semeou. Por isso, tive medo, saí e escondi o seu talento no chão. Veja, aqui está o que pertence ao senhor" (v. 24-25). Em resposta, o senhor o repreendeu:

[1] TOZER, A. W. **Em busca de Deus**: minha alma anseia por ti. São Paulo: Vida, 2016. p. 38.

> "Servo mau e negligente! Você sabia que eu colho onde não plantei e ajunto onde não semeei? Então, você devia ter confiado o meu dinheiro aos banqueiros, para que, quando eu voltasse, o recebesse de volta com juros. Tomem dele o talento e deem-no ao que tem dez. Pois, a todo que tem, mais será dado e terá em grande quantidade. Mas, ao que não tem, até o que tem lhe será tirado. E lancem fora o servo inútil, nas trevas, onde haverá choro e ranger de dentes" (v. 26-30).

Os talentos mencionados na parábola não correspondem a capacidades ou aptidões, mas sim a uma moeda antiga de ouro que equivalia a vinte anos do salário de um trabalhador. Essa parábola ilustra o nosso papel como administradores do que o Senhor nos confiou até que ele volte: bens, talentos, oportunidades. Assim como Tozer afirmou, Jesus enfatiza que o que temos não é nosso, mas de Deus.

Enquanto os dois primeiros servos multiplicaram seus talentos com prontidão e sabedoria, o último nem sequer tentou fazê-lo; ele não aplicou esforço algum, apenas enterrou o que tinha. Os que multiplicaram seus talentos foram chamados de bons e fiéis; o outro foi tido como mau e negligente.

Que tipo de servo você deseja ser? Quer ser um servo que se dedica, se esforça, responde com prontidão, multiplica o que recebeu e cuida do que lhe foi confiado? Ou quer ser um servo negligente? Jesus nos chama a multiplicar o que nos foi confiado. Você sem dúvida recebeu talentos para contribuir no Reino e glorificar a Deus. Então, não os esconda.

> **Jesus nos chama a multiplicar o que nos foi confiado.**

Dedique-se a desenvolvê-los. Você pode fazer isso ao aprofundar o seu conhecimento bíblico e o seu relacionamento com Deus por meio da oração, ao estudar para aprimorar as suas capacidades específicas, ao se relacionar com pessoas que podem contribuir e ajudá-lo a crescer, ao compartilhar com outros o que tem e o que você sabe, ao pedir ajuda a quem sabe mais.

Os dois primeiros servos — o que recebeu cinco talentos e o que recebeu dois — estavam prontos para o retorno de seu senhor e demonstraram isso pela sábia mordomia daquilo que ele lhes confiou. Da mesma forma, a nossa prontidão para a volta de Cristo se reflete em como administramos os recursos que ele nos confiou.

No time do Reino, ninguém fica de fora, a menos que queira. Portanto, se você deseja fazer parte e contribuir ativamente, seja dedicado e diligente. Desenvolva as suas habilidades, transforme as dificuldades em oportunidades e fortaleça a sua saúde espiritual. Ao aprimorar os seus talentos e investi-los no Reino, você multiplica o que Deus lhe confiou.

APLICAÇÃO

O que você tem feito com o seu conhecimento? Com o seu tempo? E com as suas habilidades?

Pense em uma forma prática de aprimorar um dos seus talentos. Por exemplo, se você canta ou toca um instrumento, pode fazer aulas ou praticar algumas vezes na semana para aprimorar essa habilidade.

Para memorizar

— Vocês são a luz do mundo. Não se pode esconder uma cidade construída sobre um monte. Ninguém acende uma lâmpada e a coloca debaixo de uma vasilha. Ao contrário, coloca-a no lugar apropriado e, assim, ilumina todos os que estão na casa. Da mesma forma, brilhe a luz de vocês diante dos homens, para que vejam as suas boas obras e glorifiquem a seu Pai, que está nos céus.

Mateus 5.14-16

ORAÇÃO

Senhor, eu te agradeço pelos talentos e recursos que me confiaste. Capacita-me a desenvolvê-los e aplicá-los para a tua glória. Ajuda-me nas minhas dificuldades e dá-me as condições necessárias para aprimorar os meus talentos. Remove qualquer obstáculo, como vergonha, preguiça, medo ou insegurança.

Que eu possa contribuir para o teu Reino e ser um servo bom e fiel que responde com prontidão ao teu chamado.

Amém.

dia 23

Tire tempo para o lazer

LEITURA BÍBLICA
Eclesiastes 3.1-13

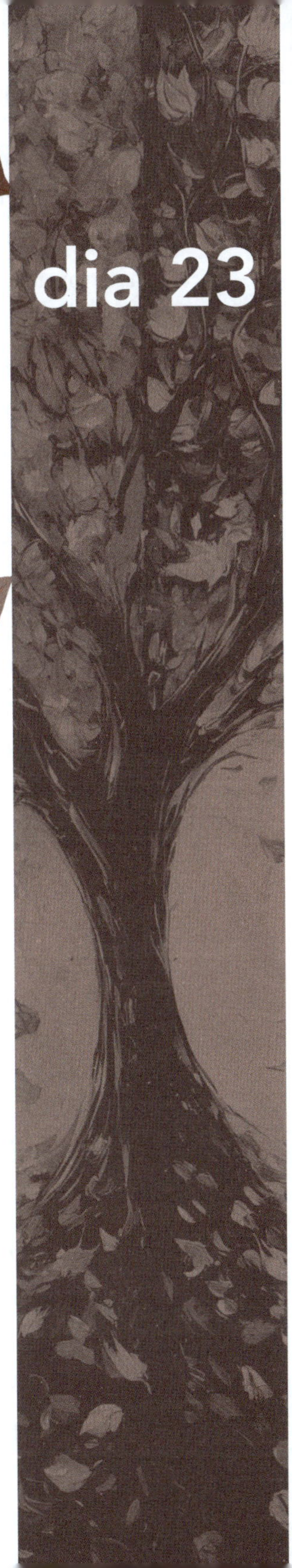

Muitas pessoas têm a visão equivocada de um Deus carrancudo que tudo proíbe. A verdade não poderia estar mais distante disso. O nosso Deus é o Criador de todas as coisas boas nesta terra. Ao nos criar, ele colocou em nós sensações e sentimentos positivos, como alegria, prazer, contentamento, júbilo. Ele nos permite desfrutar de suas maravilhas a cada dia e deseja que saibamos aproveitar a vida que nos deu de maneira que nos edifique e cumpra o propósito para o qual nos criou.

O desejo de Deus para seus filhos não está em que eles não se divirtam, não tenham alegrias nem momentos de descontração; pelo contrário, ele quer que saibamos encontrar prazer e satisfação segundo a perspectiva divina, não a do mundo. O prazer do mundo muitas vezes está em coisas que, além de não contribuir em nada para a nossa vida, nos distanciam da vontade de Deus.

Paulo escreveu: "Irmãos, vocês foram chamados para a liberdade. Contudo, não usem a liberdade para dar ocasião à carne [...]" (Gálatas 5.13). Enquanto outros usam sua liberdade para satisfazer seus próprios prazeres, devemos usar a liberdade em Cristo para encontrar prazer em uma vida de equilíbrio guiada pelo Espírito Santo.

Ter uma vida equilibrada significa saber quando é o momento de trabalhar e quando é o momento de descansar; quando é hora de ficar sozinho e quando é hora de se reunir com familiares e amigos; quais ocasiões exigem seriedade e quais exigem leveza; quando precisamos nos dedicar com diligência a uma tarefa e quando precisamos separar tempo para o lazer.

Deus não nos criou para trabalhar vinte e quatro horas por dia, sete dias por semana, mas para que tenhamos uma vida equilibrada que glorifique e agrade a ele. Portanto, você deve ter momentos de lazer, celebração e alegria. O próprio Deus instituiu festas para que o povo se lembrasse de sua bondade (cf. Levítico 23). Quando desfrutamos do prazer da maneira certa, isto é, sem nos afastar dos preceitos divinos e sem agir contra o nosso propósito, somos edificados e louvamos ao Senhor.

> **"Deus não nos criou para trabalhar vinte e quatro horas por dia, sete dias por semana, mas para que tenhamos uma vida equilibrada que glorifique e agrade a ele.**

Em Eclesiastes 3, lemos que existe ocasião certa e tempo certo para todas as coisas. Uma pessoa sábia reconhece que há o momento apropriado para cada tarefa que realiza. Embora tenhamos de executar atividades trabalhosas e cansativas, também precisamos de descanso e de oportunidades para desfrutar do fruto do nosso trabalho, estar com aqueles a quem amamos, investir em nós mesmos, nos divertir e celebrar.

Dedicar todo o nosso tempo ao trabalho, aos estudos, aos afazeres da casa ou mesmo ao ministério não é sábio. Precisamos investir esforços nessas áreas, mas devemos ser sábios e reconhecer quando é o momento de parar e reservar tempo para realizar atividades prazerosas que não estejam relacionadas às tarefas domésticas.

Como pastor de tempo integral, eu me dedico à igreja, aos membros e aos projetos sociais que desenvolvemos, mas não posso me esquecer de que sou marido, pai, filho e irmão. Tenho o cuidado de desfrutar momentos especiais com minha família. Planejamos férias e viagens que nos unem ainda mais e nos renovam para seguir em frente. Além disso, procuro fazer uma refeição à mesa com eles todos os dias e percebo como isso tem feito diferença. Também não posso deixar de separar momentos para estar sozinho e fazer coisas que me dão satisfação e renovam o meu vigor.

No versículo 13 de Eclesiastes 3, está escrito: "Sei também que poder comer, beber e ser recompensado por todo o seu trabalho é um presente de Deus", ou seja, poder desfrutar da provisão divina e de momentos de lazer é uma dádiva. Nesses momentos, podemos contemplar a bondade e a fidelidade de Deus e nos lembrar do sacrifício de Jesus, que veio a este mundo para que tivéssemos vida em abundância (cf. João 10.10). Períodos de lazer, contemplação, meditação e entretenimento são essenciais para uma vida equilibrada.

> **"Poder desfrutar da provisão divina e de momentos de lazer é uma dádiva.**

Existem diversas formas pelas quais podemos ter tempo de lazer, ainda que a nossa rotina seja agitada e nos sobrem poucos recursos. Um ótimo hábito a desenvolver é a leitura diária. Além de ler a Bíblia todos os dias, você pode encontrar livros com assuntos do seu interesse e adequar o tempo de leitura conforme as suas possibilidades. C. S. Lewis afirmou: "Você não conseguirá uma xícara de chá suficientemente grande ou um livro suficientemente longo que me satisfaça".[1] Eu apenas trocaria a xícara de chá por um café, e estaríamos na mesma página.

Outra forma de lazer é passar tempo com familiares e amigos, como, por exemplo, em passeios, jantares, piqueniques no parque, noites de jogos, saídas para um café, em casa, durante conversas longas e descontraídas; a verdade é que estar com aqueles a quem amamos nos revigora e fortalece. Aproveite esses momentos para ouvir, aconselhar, orar junto, desabafar se necessário e abraçar. O autor de Eclesiastes afirma: "É melhor serem dois do que um, porque maior é a recompensa do trabalho de duas pessoas. Se caírem, um levantará o outro. Mas pobre do homem que cai e não tem quem o levante!" (4.9,10).

Isso não quer dizer, porém, que é errado querer aproveitar momentos de lazer sozinho. Muitas vezes, tudo o que uma mãe cansada ou um pai cansado quer é um período de silêncio para ouvir a própria música ou assistir ao que mais gosta. Ou, após um dia cansativo no trabalho, uma ida à cafeteria sozinho pode ser uma boa oportunidade para espairecer.

> **Seja intencional em separar tempo para o lazer.**

Da maneira que você preferir, seja intencional em separar tempo para o lazer. Ele é necessário para o descanso, a renovação,

[1] Lewis, C. S. **Sobre histórias**. Rio de Janeiro: Thomas Nelson Brasil, 2018.

a satisfação e o contentamento. Existe um momento adequado para tudo, por isso aprenda a reconhecer a importância de se divertir com o que você gosta de fazer, com passatempos prazerosos, sozinho ou na companhia daqueles a quem ama.

E, ao fazê-lo, lembre-se da bondade do Criador. Lembre-se de que o Pai ama tanto você que lhe concedeu uma ampla gama de sensações e emoções, as quais ele anseia e deseja que você experimente com equilíbrio à medida que avança em direção a seu propósito. Em todas as oportunidades que tiver, agradeça a Deus: pelo trabalho e pelo descanso, pelas responsabilidades que ele lhe confiou e pela possibilidade de encontrar satisfação no dia a dia e de desfrutar das maravilhas que ele criou.

APLICAÇÃO

- Separe tempo para uma atividade prazerosa, como ler um livro, assistir a um filme, realizar atividades manuais, passear no parque. Você também pode tomar um café em um lugar diferente, sair com a família ou amigos, ou até mesmo sair sozinho se assim desejar.
- Depois desse momento, reflita: Como você viu a bondade de Deus nesse período de lazer? O que isso ensina sobre o caráter dele?
- Pense em como você pode incorporar essa prática ao seu dia a dia, segundo as suas possibilidades e demandas. Se puder definir um tempo diário ou semanal, com certeza verá diferença no seu humor.

Para memorizar

— [...] eu vim para que tenham vida e a tenham plenamente.

João 10.10

ORAÇÃO

Meu Deus, eu te louvo porque tu queres o melhor para mim, até mesmo o meu prazer e a minha satisfação. Ensina-me a encontrar momentos de lazer no dia a dia de maneiras que te agradem e glorifiquem. Que, nesses momentos, eu possa me lembrar da tua bondade, fidelidade e amor.

Não permitas que as tarefas e a rotina me sobrecarreguem a ponto de me tirar toda fonte de lazer e diversão. Faz-me viver em equilíbrio.

Em nome de Jesus, amém.

dia 24

Aprenda a descansar

LEITURA BÍBLICA

Mateus 11.28-30

Temos visto o crescimento do número de pessoas com síndrome de *burnout*, um distúrbio emocional proveniente do desgaste no trabalho, da competitividade do mercado, da carga horária e das demandas excessivas. Em 2023, a Associação Nacional de Medicina do Trabalho constatou que aproximadamente 30% dos trabalhadores brasileiros sofriam dessa síndrome, colocando o Brasil como o segundo país com mais casos diagnosticados.[1]

[1] Síndrome de *burnout* acomete 30% dos trabalhadores brasileiros, **Jornal da USP**, São Paulo, 2023. Disponível em: https://

Esse distúrbio pode causar sintomas como cansaço excessivo, dor no peito, palpitações, exaustão emocional, estresse, desânimo, alterações no sono e no apetite, e até falta de interesse por atividades que antes eram consideradas interessantes. Além dessa síndrome, o esgotamento muitas vezes desencadeia outros transtornos prejudiciais à saúde mental, bem como sintomas que afetam o funcionamento do corpo.

> **O nosso Pai nos ama tanto e nos conhece tão bem que instituiu o descanso como forma de garantir que renovemos as forças e o vigor.**

Em um mundo que dita o nosso valor de acordo com a nossa produtividade e aplaude pessoas viciadas em trabalhar, chamadas de *workaholics*, é fácil nos esquecermos de que o descanso é, sobretudo, um mandamento. O nosso Pai nos ama tanto e nos conhece tão bem que instituiu o descanso como forma de garantir que renovemos as forças e o vigor.

O mesmo Deus que criou o trabalho instituiu o descanso (cf. Gênesis 2.3). Ao povo de Israel foi dada a instrução:

> — Trabalhe seis dias e neles faça todos os seus trabalhos, mas o sétimo dia é um sábado para o Senhor, o seu Deus. Nesse dia, não faça trabalho algum, nem você, nem o seu filho, nem a sua filha, nem o seu servo, nem a sua serva, nem os seus animais, nem os estrangeiros residentes nas suas cidades. Porque em seis dias o Senhor fez os céus e a terra, o mar e tudo o que neles há, mas, no sétimo dia, descansou. Por isso, o Senhor abençoou o dia de sábado e o santificou (Êxodo 20.9-11).

Essa passagem nos mostra algo além do mandamento para os israelitas; aponta para o descanso que viria em Jesus. Quando nos

---

jornal.usp.br/radio-usp/sindrome-de-burnout-acomete-30-dos-trabalhadores-brasileiros/. Acesso em: 18 fev. 2025.

lembramos de sua obra, também nos lembramos do mandamento para descansar.

O Novo Testamento reforça a ideia de que o mandamento do descanso não era apenas para o povo de Israel, mas para todos nós que estamos em Cristo: "Assim, ainda resta um descanso sabático para o povo de Deus; pois aquele que entra no descanso de Deus também descansa do seu trabalho, como Deus descansou do seu. Portanto, esforcemo-nos para entrar nesse descanso [...]" (Hebreus 4.9-11).

Embora hoje o descanso não esteja restrito ao sábado, o ponto central aqui é que o descanso não é um luxo mas uma ordenança. Então, como filhos obedientes, precisamos encarar os momentos de descanso como oportunidades para renovar as nossas forças e, acima de tudo, devemos nos lembrar de que a nossa provisão e tudo aquilo de que precisamos vêm de Deus, não do nosso trabalho, do nosso mérito ou dos nossos esforços. O escritor chinês Watchman Nee declarou: "Nosso descanso está em olhar para o Senhor, não para nós mesmos".[2]

Em meio à correria do dia a dia e às muitas demandas — família, ministério, trabalho, estudos, tarefas domésticas, relacionamentos —, temos de nos lembrar outra vez da importância do equilíbrio. Muitas vezes resistimos ao descanso como uma criança que foge da hora de dormir. Contudo, assim como um pai toma seu filho nos braços e o coloca na cama, o nosso Pai nos chama para descansar nele.

Assim como um pai toma o filho nos braços e o coloca na cama, o nosso Pai nos chama para descansar nele.

[2] NEE, Watchman. **O homem espiritual**. vol. 1. Curitiba: Betânia, 2023.

Quando eu era criança, as minhas irmãs, a minha mãe e eu nem sempre dormíamos em casa. Muitas vezes, tínhamos de sair de casa e passar a noite fora porque meu pai estava alterado. Nessas situações, era mais seguro dormir na rua do que em casa. Uma das nossas vizinhas tinha um terreno amplo, com árvores. Em várias ocasiões, a minha cama foi sob um pé de limão. Como você pode imaginar, era quase impossível descansar de verdade nessas noites.

Naquela época, a minha referência de pai era alguém agressivo, violento e emocionalmente distante. Nenhum de nós se sentia seguro. No entanto, nos braços do meu Deus Pai amoroso, sei que tenho proteção e posso encontrar o descanso de que o meu corpo e a minha mente precisam. Nos dias em que me sinto mais cansado, posso recorrer ao Senhor com a certeza de que ele me protegerá, me sustentará e me aliviará.

Por isso, devemos nos voltar para o convite de Jesus Cristo em Mateus 11.28: "Venham a mim todos os que estão cansados e sobrecarregados, e eu darei descanso a vocês". Com ele, você pode tirar a máscara da autossuficiência e dizer: "Senhor, estou exausto! Preciso do teu alívio e do descanso que só tu podes proporcionar".

> **Enquanto a sociedade estimula e encoraja uma postura de autossuficiência, como se fôssemos capazes de tudo apenas com esforço, o evangelho nos mostra que foi Jesus quem conquistou tudo por nós.**

Jesus sabia por experiência o que era estar cansado. Em sua vida terrena, seu ministério envolvia longas viagens para pregar e realizar milagres (cf. João 4.6). No entanto, esse mesmo Jesus é o nosso descanso. Pelo sacrifício dele, podemos obedecer ao mandamento e separar um dia para descansar e nos lembrar de que é a graça dele que nos sustenta, não os nossos esforços.

Enquanto a sociedade estimula e encoraja uma postura de autossuficiência, como se fôssemos capazes de tudo se nos esforçarmos o bastante, o evangelho nos mostra que foi Jesus quem conquistou tudo por nós. Como está registrado em Isaías: "[...] o castigo que nos trouxe a paz estava sobre ele [...]" (Isaías 53.5). Ele sofreu para nos conceder o descanso e a paz de que precisamos em todos os aspectos. E, em sua infinita graça, ele nos chama para esse descanso em obediência ao Pai.

Portanto, não seja um filho desobediente. Obedeça ao mandamento do Pai. Nesses momentos de descanso, reconheça a sua dependência de Cristo e lembre-se de onde vêm o sustento e a provisão. Que o seu dia de descanso seja também um dia para você refletir a respeito da bondade e da fidelidade de Deus por toda a sua vida. E que, ao descansar, você se sinta mais próximo dele.

APLICAÇÃO

Se você ainda não tem ao menos um dia dedicado ao descanso e às ações de graças, é hora de definir isso. Empenhe-se em cumprir esse mandamento e se afastar por completo do trabalho nesse dia.

No dia do descanso, aqui estão algumas coisas que você pode fazer:

- dar graças a Deus por todos os momentos, bons e ruins;
- meditar nas Escrituras;
- contemplar as maravilhas que o Senhor fez e continua fazendo na sua vida;
- lembrar-se do sacrifício de Jesus.

Registre como você tem se sentido, se o cansaço ou a sobrecarga da rotina tem causado efeitos negativos, e, então, entregue-os a Jesus por meio da oração.

Para memorizar

Ele fortalece o cansado e dá grande vigor ao que está sem forças. Até os jovens se cansam e ficam exaustos, e os moços certamente tropeçam, mas aqueles que esperam no SENHOR renovam as suas forças, voam alto como as águias, correm e não ficam exaustos, andam e não se cansam.

Isaías 40.29-31

ORAÇÃO

Pai, diante de ti coloco as minhas preocupações, o meu cansaço, os fardos pesados que tenho carregado. Confio que o verdadeiro descanso vem de ti, por meio do sacrifício do teu Filho. Como desejo esse descanso, meu Pai! Ensina-me a descansar em ti.

Eu te agradeço por seres cuidadoso e amoroso comigo, pela tua fidelidade e bondade ao nos chamar para o descanso. Que todos os dias eu me lembre dos teus maravilhosos feitos.

Em nome do teu Filho Jesus, amém.

dia 25

Tenha empatia

LEITURA BÍBLICA

Filipenses 2.1-11

No nosso mundo cada vez mais hostil, temos cedido e participado dessa hostilidade, ou temos agido conforme o exemplo de Jesus e demonstrado compaixão por todos, desde os nossos amigos mais próximos até os nossos ofensores ou aquelas pessoas excluídas pela sociedade?

Nunca se falou tanto em empatia, embora a realidade revele algo bem diferente. Expressar empatia significa colocar-se no lugar do outro. A empatia vai além de sentir dó de alguém; é sentir o que o outro sente como se fosse com você. Ao longo da minha infância e adolescência, foram muitas as pessoas que olharam para mim com pena, mas poucas as que sentiram real empatia.

Uma dessas pessoas foi a dona Irene, uma das nossas vizinhas, que não apenas viu o meu sofrimento, como também me estendeu a mão. Quando eu tinha 13 anos, ela me chamou para ir à igreja, e, desde então, a minha vida nunca mais foi a mesma. Àquela altura, eu estava sem perspectiva, com traumas e feridas que pareciam impossíveis de serem curados. Por onde passava, eu me sentia rejeitado e sozinho.

> **A empatia vai além de sentir dó de alguém; é sentir o que o outro sente como se fosse com você.**

No entanto, quando entrei na igreja pela primeira vez, ouvi a canção "Meu prazer" do Ministério Koinonya de Louvor. Em um trecho, os irmãos cantavam:

> Pra te adorar, ó Rei dos reis
> Foi que eu nasci, ó Rei Jesus
> Meu prazer é te louvar
> Meu prazer é estar
> Nos átrios do Senhor
> Meu prazer é viver
> Na casa de Deus
> Onde flui o amor[1]

Embora eu esperasse ser mais uma vez rejeitado, fui recebido em um ambiente envolvente e acalentador. Descobri que havia mais para mim do que a dor da rejeição e da orfandade; descobri que nasci para um propósito, para adorar ao Senhor e estar na casa dele, onde flui o amor que cura, transforma e salva.

---

[1] "Meu prazer", Ministério Koinonya de Louvor (1993).

A dona Irene não me fez um simples convite. Ela viu a minha dor, sentiu empatia e soube exatamente do que eu precisava. Eu precisava do amor do Pai, e o encontrei naquele lugar de adoração e comunhão. Na igreja, finalmente vi que havia esperança, uma saída para mim e para a minha família. Lá, eu não sentia rejeição, e sim pertencimento e aceitação.

Como cristãos, somos chamados a seguir os passos do Senhor Jesus: "Portanto, sejam imitadores de Deus, como filhos amados, e vivam em amor, como também Cristo nos amou e se entregou por nós como oferta e sacrifício de aroma agradável a Deus" (Efésios 5.1,2).

> **Jesus é o nosso principal exemplo de empatia e compaixão.**

Jesus é o nosso principal exemplo de empatia e compaixão. Por amor, ele se colocou em nosso lugar ao:

1. **Vir à terra e viver como homem**. Apesar de ser Deus, Cristo se fez homem, ou nas palavras do evangelista João: "Aquele que é a Palavra tornou-se carne e viveu entre nós. Vimos a sua glória, glória como do Unigênito vindo do Pai, cheio de graça e de verdade" (João 1.14). Ele deixou sua glória e "esvaziou a si mesmo" (cf. Filipenses 2.7). O Rei dos céus e da terra veio ao mundo como bebê por meio de um nascimento humilde. Ele saiu de seu trono de glória para repousar em uma manjedoura.

   Como homem, viveu a experiência humana completa: sentiu fome e sede (cf. Mateus 4.2; 21.18; João 19.28), cansaço (cf. João 4.6), angústia (cf. Mateus 26.37; Lucas 22.44; João 13.21), compaixão (cf. Mateus 14.14) e tristeza (cf. Mateus 26.38). Foi traído, rejeitado, criticado, amado, abraçado. Ele se identificou conosco nas nossas vivências ao sentir o que tantas vezes sentimos.

2. **Assumir o lugar de servo.** Em seu ministério terreno, Jesus assumiu "a forma de servo, tornando-se semelhante aos homens" (cf. Filipenses 2.7). Ainda que seja o Senhor de todos os povos, digno de ser servido, ele veio "para servir e dar a sua vida em resgate por muitos" (cf. Marcos 10.45).

3. **Olhar com compaixão para a humanidade perdida.** Jesus viu pessoas aflitas, desoladas e em sofrimento e estendeu-lhes a mão. Em Mateus 9.35,36, lemos que ele "percorreu todas as cidades e todos os povoados, ensinando nas sinagogas, pregando o evangelho do reino e curando todas as enfermidades e doenças. Ao ver as multidões, teve compaixão delas, porque estavam aflitas e desamparadas, como ovelhas sem pastor". Ele não apenas se compadeceu, como também fez algo. Jesus curou os enfermos, acolheu os rejeitados, socorreu os necessitados, pastoreou os perdidos. Ele nos mostra que a empatia é acompanhada da ação.

> **Somos chamados a deixar de lado o egoísmo e o interesse nas nossas próprias ambições e a cuidar uns dos outros por amor a Deus e ao próximo.**

4. **Interceder por nós.** Pouco antes de entregar-se à morte de cruz, Jesus orou em nosso favor: "[...] Pai, como tu estás em mim e eu estou em ti, que eles também estejam em nós, para que o mundo creia que tu me enviaste" (João 17.21).

5. **Pagar o preço pelo nosso pecado.** Jesus se entregou voluntariamente à crucificação para cumprir o plano da salvação. Estávamos sem esperança, perdidos e

> presos ao pecado, mas Cristo tomou sobre si o peso dos nossos pecados para nos libertar. Ele comprou a nossa salvação com seu precioso sangue, e hoje não somos mais devedores, pois sua graça nos alcançou. "Ele foi entregue à morte pelas nossas transgressões e ressuscitou para a nossa justificação" (Romanos 4.25); "[...] Cristo morreu pelos nossos pecados, segundo as Escrituras" (1Coríntios 15.3).

Por isso, o apóstolo Paulo nos exorta: "Seja o modo de pensar de vocês o mesmo de Cristo Jesus" (Filipenses 2.5). Somos chamados a deixar de lado o egoísmo e o interesse nas nossas próprias ambições e a cuidar uns dos outros por amor a Deus e ao próximo. Temos de servir como ele serviu (cf. João 13.1-17) e amar como ele amou (cf. João 13.34). O autor Larry Crabb chama de pecado relacional o "nosso fracasso em amar os outros como Jesus nos amou".[2]

O amor de Jesus fez que ele olhasse para as pessoas com compaixão e estendesse a mão para ajudá-las. Seus olhos estavam atentos às necessidades do próximo, e ele não era insensível à dor ou ao sofrimento. Da mesma forma, precisamos nos atentar àqueles que estão ao nosso redor. Como Jesus, devemos estender a mão, oferecer palavras de esperança, pregar as boas-novas da salvação. Faça diferença em um mundo que clama por amor e bondade.

---

[2] CRABB, Larry. **Viciados em si mesmos**: como a esperança do céu nos liberta do egoísmo. São Paulo: Vida Nova, 2024.

APLICAÇÃO

Pense em formas práticas de ajudar os que precisam. Se você sabe que um amigo está passando por um período complicado, pode se oferecer para tomar um café da tarde com ele, conversar, ouvir, orar e levar uma palavra de esperança. Se sabe de uma família que está com necessidades financeiras, pode contribuir com doação de roupas e alimentos.

Além disso, você pode procurar instituições e projetos sociais de confiança e contribuir financeiramente ou como voluntário. Mais do que os seus recursos e o que você tem a oferecer, importa que o seu olhar esteja voltado para as pessoas e as necessidades delas, estendendo-lhes a mão em solidariedade.

Para memorizar

Se alguém tiver recursos materiais, vir o seu irmão em necessidade e não se compadecer dele, como pode permanecer nele o amor de Deus? Filhinhos, não amemos de palavra nem da boca para fora, mas em ação e em verdade.

1João 3.17,18

ORAÇÃO

Senhor Jesus, eu te agradeço por tudo que fizeste e tens feito por mim. É impossível calcular ou medir o teu sacrifício e a tua graça. Não posso pagar o alto preço que pagaste na cruz, mas entrego a minha vida a ti e coloco-me à disposição para a tua obra.

Ensina-me os teus caminhos e a seguir os teus passos com amor. Faz-me atento às necessidades do próximo. Por onde eu passar, quero levar o teu amor, a tua esperança e o teu cuidado.

No teu nome eu oro, amém.

dia 26

Seja adorador

LEITURA BÍBLICA

Atos 16.16-40

Os seres humanos vivem em busca de algo: um propósito, uma razão para existir. Ao longo dessa busca, muitos se voltam para religiões e filosofias para encontrar uma resposta, porque sabem que não podem encontrá-la em si mesmos. No que diz respeito a mim, ouvi a resposta na canção que marcou a minha primeira ida à igreja: "Pra te adorar, ó Rei dos reis, foi que eu nasci, ó Rei Jesus".[1]

Fomos criados para o louvor da glória de Deus (cf. Efésios 1.6,12,14) e não encontramos o sentido da vida até compreender isso.

[1] "Meu prazer", Ministério Koinonya de Louvor (1993).

O problema é que, no decorrer da história, a humanidade muitas vezes mudou o foco de sua adoração, tirando-o de Deus e direcionando-o a outras coisas, pessoas e divindades. No entanto, Deus é o único a quem devemos adorar (cf. Deuteronômio 5.7-9; 6.13).

Qualquer outro objeto de adoração se torna um ídolo. A Bíblia adverte contra o pecado da idolatria diversas vezes no Antigo e Novo Testamentos. Não podemos cair no engano de que a idolatria ficou para trás. Assim como os israelitas erguiam altares para outros deuses e se prostravam diante deles, muitos continuam a erguer altares no coração, adorando o dinheiro, o cônjuge e os prazeres deste mundo. O nosso louvor deve ser destinado exclusivamente a Deus, pois ele é o único digno de ser adorado.

> **Fomos criados para o louvor da glória de Deus e não encontramos o sentido da vida até compreender isso.**

Agora que sabemos a quem devemos adorar, passemos para o porquê. O teólogo britânico Gerald Vann explicou sucintamente: "A adoração não faz parte da vida cristã; ela é a própria vida cristã".[2] Muitos teólogos e estudiosos já se dedicaram a definir o termo adoração. De maneira ampla, podemos dizer que é a "nossa resposta positiva a Deus".[3]

Além de uma manifestação verbal, a adoração é, antes de tudo, um reflexo da intenção do nosso coração ao responder a Deus. A adoração está muito além de uma sensação de arrepio, de palavras bonitas ou de emoções afloradas ao ouvir um louvor ou uma pregação. Mais do que um conjunto de práticas como ir à igreja, cantar

---

[2] Conforme citado no livro de BORBA, Asaph. **Adoração**: quando a fé se torna amor. Rio de Janeiro: Thomas Nelson Brasil, 2017.

[3] PETERSON, David. **Teologia bíblica da adoração**: cultuando a Deus como ele orienta e deseja. São Paulo: Vida Nova, 2019.

músicas ou levantar as mãos, é um estilo de vida. Por meio da adoração, estabelecemos uma conexão com Deus ao entrar na presença dele com o coração aberto.

Adoramos a Deus por suas obras, em ações de graças, tal como encoraja o salmista: "Cantem ao Senhor com ações de graças; façam música ao som da harpa para o nosso Deus" (Salmos 147.7). Louvamos porque somos sua criação: "Digno és tu, Senhor e Deus nosso, de receber a glória, a honra e o poder, porque criaste todas as coisas, e por tua vontade elas existem e foram criadas" (Apocalipse 4.11).

Contudo, adoramos principalmente por quem ele é, o Deus soberano: "Louvem todos o nome do Senhor, pois somente o seu nome é exaltado; a sua majestade está acima da terra e dos céus!" (Salmos 148.13). Adoramos porque ele é o nosso Pai amoroso, porque é fiel, bom, justo, gracioso, misericordioso, reto, vitorioso, e muito mais do que somos capazes de expressar.

Além disso, devemos aprender como adorar. Há diversos exemplos bíblicos de adoração. O livro de Salmos, por exemplo, está repleto de modelos. Em João 4, Jesus disse que o Pai está à procura de adoradores que "o adorem em espírito e em verdade" (v. 24). Ou seja, para além de demonstrações, ofertas ou purificações externas, Deus deseja que o adoremos genuinamente, de todo o coração. O verdadeiro louvor é aquele expresso com sinceridade, não da boca para fora.

> **Nós o adoramos principalmente por quem ele é, o Deus soberano.**

Por fim, precisamos saber quando adorar. Devemos adorar a Deus sempre. É fácil engrandecer o nome do Senhor quando tudo vai bem na nossa vida: após uma promoção, um aumento, ao ver o nascimento de um filho esperado, ao realizar um sonho. Certamente, devemos adorá-lo nesses momentos. Todavia, também temos de adorá-lo em meio às tribulações, a fim de refletir a nossa confiança e o nosso compromisso de servi-lo em todo tempo.

Em Atos 16, encontramos o relato de quando Paulo e Silas foram açoitados e presos por pregarem o evangelho. No versículo 25, está escrito: "Por volta da meia-noite, Paulo e Silas estavam orando e cantando hinos a Deus, e os outros presos os ouviam". Os dois servos tementes estavam adorando a Deus na prisão, embora estivessem encarcerados justamente por proclamar o nome desse Deus.

Para eles, a adoração era um estilo de vida; tão natural quanto respirar. Seu exemplo nos mostra que verdadeiros adoradores não deixam de louvar quando passam por dificuldades. Eles continuam a adorar, porque sua adoração não depende das circunstâncias.

Talvez hoje você se sinta aprisionado, assim como Paulo e Silas estavam. Se, porém, você se voltar para a continuação do texto, verá que a adoração não muda somente o nosso coração; muda realidades: "De repente, houve um terremoto tão violento que os alicerces da prisão foram abalados. Imediatamente, todas as portas se abriram, e as correntes de todos se soltaram" (v. 26).

> **A adoração transforma quem somos e o ambiente em que estamos; não pelo nosso próprio poder, mas pelo poder do Deus a quem adoramos.**

A adoração transforma quem somos e o ambiente em que estamos; não pelo nosso próprio poder, mas pelo poder do Deus a quem adoramos. Eu vi a casa em que morava com a minha família na infância ser transformada de um lugar de vergonha, medo e angústia em um lugar de adoração e testemunho.

Portanto, aceite o chamado de ser um verdadeiro adorador. Quando ocupamos o lugar de adoradores, o vazio da falta de identidade e propósito é preenchido, porque enfim compreendemos a razão da nossa existência. Juntemo-nos, então, ao restante da criação para adorar ao nosso Criador: "Todo ser que respira louve ao Senhor! Aleluia" (Salmos 150.6).

APLICAÇÃO

Dedique tempo à adoração. Você pode cantar louvores, recitar um salmo, fazer uma pintura que mostre Deus de alguma forma, dançar ou escrever uma canção ou um texto de gratidão a Deus.

Depois, reflita: Para você, o que significa adoração? Como costuma expressar a sua adoração a Deus? Como pode priorizar a adoração?

Para memorizar

Por meio de Jesus, portanto, ofereçamos continuamente a Deus um sacrifício de louvor, que é fruto de lábios que confessam o seu nome.

Hebreus 13.15

ORAÇÃO

Deus amado, eu te louvo pelos teus feitos e, principalmente, por quem tu és. Eu te agradeço porque permites que eu te conheça e me relacione contigo. Nunca serei capaz de expressar a tua grandeza em palavras, mas quero dedicar toda a minha vida a te adorar e te exaltar.

Purifica o meu coração e as minhas intenções, para que eu possa entrar na tua presença em espírito e em verdade e te adorar com todo o meu ser.

Hoje quero te adorar, em especial, por:

____

____

Em nome de Jesus, amém.

dia 27

Siga o modelo certo

LEITURA BÍBLICA
Lucas 9.18-27

Nestes tempos em que tanto se fala de seguidores e influenciadores, é extremamente importante que reflitamos sobre a quem temos ouvido e seguido. Hoje em dia, muitos ganharam voz nas redes sociais e têm exercido influência em nossa vida. A verdade é que somos influenciados pelas pessoas ao nosso redor, bem como pelas redes sociais.

A forma de nos vestirmos, os lugares que frequentamos, os livros que lemos, as coisas que comemos e até a nossa forma de falar são influenciados pelas pessoas na nossa vida, nas redes e fora delas. Isso é errado? Depende.

Depende de quanto você se permite ser influenciado e de quem tem exercido essa influência.

Nem toda influência é negativa, embora alguns pensem assim. Os influenciadores existem há muito tempo, antes mesmo de essa se tornar uma profissão. Figuras de autoridade como governantes, professores, pais e líderes espirituais sempre exerceram influência. Com certeza você consegue se lembrar de um professor que marcou a sua vida de alguma forma, ainda que negativa. O fato é que influenciadores sempre existiram, para o bem e para o mal.

Influenciadores sempre existiram, para o bem e para o mal.

A influência se torna negativa se não soubermos filtrar de maneira adequada o que recebemos e se nos deixarmos ser afetados por comportamentos, tendências ou pensamentos contrários aos princípios bíblicos. A influência também pode se tornar negativa quando olhamos para alguém como se essa pessoa fosse perfeita e passamos a idolatrá-la.

Contudo, se alguém nos edifica, nos encoraja e nos ensina a ser melhores, essa influência é positiva. Por isso é tão importante que busquemos discernimento e estejamos atentos ao conteúdo que consumimos, às pessoas que estão ao nosso redor que podem, de alguma forma, exercer um papel de relevância.

Moisés, por exemplo, foi um líder relevante que inspirou muitas pessoas e usou de sua autoridade a fim de influenciá-las para o bem. Outras figuras também o fizeram, como Abraão, José, Débora, Gideão, Samuel, Davi, Isaías, Daniel e tantos outros. No Novo Testamento, lemos sobre a influência de João Batista, de Pedro, Tiago, Paulo e, acima de tudo, Jesus.

Você pode seguir várias pessoas nas redes sociais e até ser influenciado por algumas delas, desde que saiba filtrar o tipo de influência, de modo que não contrarie seus princípios e valores. No entanto, o maior influenciador da sua vida deve ser Jesus Cristo. Ele é o único ser perfeito; o único a quem podemos seguir e imitar em todos os aspectos. Jesus é o modelo de vida para nós, cristãos, não os famosos que vemos na internet ou as pessoas do nosso convívio.

Em Efésios 5.1, o apóstolo Paulo instrui: "Portanto, sejam imitadores de Deus, como filhos amados", e, em 1Coríntios 11.1, ele afirmou ser também imitador de Cristo. Isso significa que Jesus deve ocupar a mais elevada posição de influência na nossa vida, a ponto de nos esforçarmos para viver uma vida cada vez mais semelhante à dele.

Precisamos do esforço consciente para que as nossas ações, falas e respostas sejam reflexos de sua influência em nós. O autor Charles M. Sheldon abordou esse tema no seu livro publicado em 1896, chamado *Em seus passos o que faria Jesus?* Para o autor, o cristão tem de se perguntar "O que Jesus faria?" em todas as situações, a fim de "agir como ele agiria se estivesse em nosso lugar".[1]

Podemos fazer essa pergunta desde o momento mais trivial do dia, como "O que Jesus faria ao se levantar pela manhã?", até situações complicadas ou inesperadas. O que Jesus faria se fosse perseguido injustamente? O que Jesus faria se um amigo traísse sua confiança? O que Jesus faria se visse pessoas passando por necessidades? O que Jesus faria ao se deparar com a hipocrisia, com a injustiça, com a violência?

> **Temos de conhecer Jesus intimamente para seguir seus passos.**

A primeira coisa que precisamos fazer para responder a essas perguntas ou a qualquer outra que possa surgir é conhecer Jesus.

[1] SHELDON, Charles M. **Em seus passos o que faria Jesus?** Jandira: Principis, 2021. p. 13.

Sheldon afirma: "Precisamos conhecê-lo antes de podermos imitá-lo".[2] Temos de conhecer Jesus intimamente para seguir seus passos. Não se trata de um relacionamento superficial, mas profundo. Não se trata de conhecer apenas de ouvir falar, mas de vivenciar.

Muitas pessoas já me viram ou já ouviram falar de mim, mas nem todas me conhecem de maneira íntima a ponto de saberem o que me agrada e o que me desagrada, o que eu faria em determinada situação ou o que deixaria de fazer. A intimidade vem pelo relacionamento. Minha esposa, Michelle, por exemplo, me conhece tão bem que saberia responder à pergunta "O que o Junior faria?". Assim deve ser o nosso relacionamento com Jesus.

O relato de Lucas 9 mostra que Pedro, discípulo de Jesus, tinha um entendimento diferente a respeito de seu Mestre. Enquanto as multidões diziam que ele era João Batista, Elias ou um dos profetas, Pedro sabia que aquele a quem seguia, cujos ensinamentos ouvia, cujos milagres testemunhava, era o Cristo de Deus (v. 20). Como seguidores de Jesus, precisamos saber por experiência quem ele é.

Ser imitador de Jesus, fazer o que ele faria, significa deixar para trás o nosso ego e os nossos próprios interesses. Dia após dia, temos de negar a nós mesmos, tomar a nossa cruz e segui-lo (v. 23). Ou seja, deixando para trás a nossa vontade e tomando a cruz, como ele fez, seguimos seus passos.

Ao tomar a cruz, você deixa claro que renunciou os próprios planos para viver os do Pai; deixa claro que está disposto a suportar todas as coisas — vergonha, rejeição, traição, perdas, para obedecer a Deus. Ao tomar a cruz, você mostra que não

> **Seguir Jesus é o único caminho para a vida e para o Pai.**

[2] Idem, p. 130.

segue Jesus somente quando tudo vai bem na sua vida, mas em todas as circunstâncias, mesmo em meio a provações, desânimo e dor. Seguir Jesus é o único caminho para a vida e para o Pai.

Para Charles M. Sheldon, ser cristão é isto: “É imitar Jesus. É fazer o que ele faria. É seguir seus passos”.[3] Portanto, siga os passos de Jesus. Peça ao Espírito Santo que lhe dê discernimento para fazer o que Jesus faria. Seja influenciado por Jesus, torne-se seu imitador, porque ele é o único caminho, o modelo perfeito.

APLICAÇÃO

- Se você tem passado por alguma situação desafiadora, reflita: O que Jesus faria em seu lugar? Que texto bíblico serve de base para essa resposta?
- Ao fim do dia, escreva três situações em que você se perguntou “O que Jesus faria?” e como foi seguir os passos dele.

[3] Idem, p. 226.

Para memorizar

— Se alguém quiser vir após mim, negue-se a si mesmo, tome diariamente a sua cruz e siga-me.

Lucas 9.23

ORAÇÃO

Pai, eu te agradeço por estabeleceres o padrão de uma vida agradável a ti ao enviar o teu Filho a este mundo. Ajuda-me a seguir os passos dele, renunciando às minhas próprias vontades para viver a tua. Opera no meu coração e no meu caráter, para que eu me torne cada dia mais parecido com Jesus.

Também peço que me dês discernimento para filtrar as influências na minha vida segundo os teus princípios, a fim de que a influência de Jesus prevaleça sempre.

Amém.

dia 28

Coloque Deus no centro da vida

LEITURA BÍBLICA

Atos 9.1-31

Por milhares de anos, os seres humanos acreditavam que a Terra estava no centro do sistema solar, isto é, que os demais planetas e astros orbitavam a seu redor. No entanto, no século 16, o astrônomo polonês Nicolau Copérnico divulgou a teoria de que, na verdade, a Terra e os demais planetas orbitavam em volta Sol. Na época, a teoria foi condenada, até que, no século seguinte, Galileu Galilei comprovou o heliocentrismo, isto é, a centralidade do Sol.

De igual maneira, a nossa vida orbita ao redor de algo. Talvez você já tenha escutado alguém dizer: "Fulano pensa que o mundo gira em torno dele". Embora isso não seja verdade no sentido literal, muitos fazem um desvio de trajetória, de modo que ficam centrados na religião, em si mesmos, no dinheiro, no cônjuge, nos filhos, no trabalho, nos vícios.

Se, porém, a Terra de repente saísse de sua órbita, essa catástrofe destruiria o planeta e tudo o que existe nele. Assim também, se a nossa vida não estiver centrada em Deus, estaremos fora do eixo, sujeitos a desastres e catástrofes, porque todo indivíduo é dirigido por algo. Timothy Keller disse: "Se Deus não estiver no centro da sua vida, outra coisa estará".[1]

O centro da nossa vida é aquilo a que damos maior importância, em que depositamos a nossa dependência. Uma pessoa centrada no dinheiro, por exemplo, se move em direção à sua ambição a qualquer custo, vive pelo dinheiro, sempre quer mais, depende do dinheiro, faz dele seu ídolo e resume sua existência a essa busca incansável. Mas o que acontecerá com ela se passar por uma emergência e tiver de dispor de todos os seus recursos? Ou se uma crise atingir o país? E se for demitida?

> **Se a nossa vida não estiver centrada em Deus, estaremos fora do eixo, sujeitos a desastres e catástrofes.**

É por esse motivo que tantas pessoas se sentem vazias e infelizes. Elas tentam a todo custo encontrar o que desejam, embora nem mesmo saibam o que é, e se entregam à busca da satisfação pessoal, de um relacionamento amoroso, de realizações profissionais e da aquisição de bens a fim de preencher esse vazio. Todavia, nada mais pode preencher esse vazio senão Deus. Entenda que, assim como uma semente fora da terra fértil não pode germinar, você jamais poderá viver

---

[1] Adaptado de KELLER, T.; KELLER, K. **Sabedoria de Deus**. São Paulo: Vida Nova, 2019. p. 60.

uma vida plena e satisfeita seguindo seu propósito e cumprindo seu destino fora da presença de Deus.

Quando centramos a nossa vida em qualquer outra coisa diferente de Deus, uma hora ou outra seremos frustrados. Pessoas, situações e bens materiais são falhos, instáveis e insuficientes, mas Deus não é. Por isso, temos de estar centrados nele em todos os aspectos, na adoração, na devoção, na maneira de agir e falar, nos princípios e convicções, nas prioridades, dependência, motivação e direcionamento.

Isso significa que não viveremos mais para satisfazer os nossos próprios desejos, mas para agradar a Deus e submeter os nossos anseios aos planos dele. Quando a nossa vida está centrada em Deus, a prioridade sempre será o relacionamento com ele, em detrimento de outros relacionamentos, do trabalho, das ambições ou de passatempos. Somos orientados por ele, não por tendências, filosofias ou por outras pessoas. Nele está depositada a nossa confiança, e a ele é destinada a nossa adoração.

> **Entenda que, assim como uma semente fora da terra fértil não pode germinar, você jamais poderá viver uma vida plena e satisfeita seguindo seu propósito e cumprindo seu destino, fora da presença de Deus.**

Portanto, convido você a refletir: Qual é o centro da sua vida? Se a resposta for qualquer outra além de "Deus", está na hora de mudar e colocá-lo no centro. A centralidade de Deus na nossa vida nos transforma por completo. Veja o exemplo do apóstolo Paulo, autor de boa parte do Novo Testamento e figura relevante na igreja primitiva. Para que isso acontecesse, porém, ele precisou ser confrontado com a vida que levava.

Paulo era perseguidor de cristãos, e o texto de Atos 9.1 nos diz que ele "respirava ameaças de morte contra os discípulos do Senhor". Esse é o retrato de um homem violento, revolto. Entretanto, ele foi encontrado por Jesus quando estava a caminho de Damasco. Uma voz questionava: "[...] por que você me persegue?" (v. 4). Não era somente aos cristãos que Paulo perseguia, mas a Jesus, o próprio Deus: "Eu sou Jesus, a quem você persegue" (v. 5).

A partir desse momento, o rumo da vida de Paulo mudou completamente. Ele não estava mais centrado nas crenças antigas que o motivavam a perseguir Cristo e seus seguidores. Na realidade, ele se tornou um seguidor de Jesus e dedicou sua vida à pregação do evangelho por diversas regiões. A conversão de Paulo representa a mudança pela qual todos devemos passar ao nos encontrarmos com Jesus, uma mudança de caminho que coloque Deus como o centro da nossa vida e nos faça abandonar os velhos hábitos.

Nas cartas do apóstolo, vemos que Deus ocupava a centralidade de sua vida pelos relatos de suas viagens, por sua forma de ensinar e pelas evidências de seu relacionamento de dependência, reverência e intimidade com Deus, como registra Romanos 11.36: "Pois dele, por ele e para ele são todas as coisas. A ele seja a glória pelos séculos! Amém". Esse breve versículo revela profundo entendimento da soberania de Deus. Paulo havia compreendido que "o propósito primordial do ser humano é glorificar a Deus".[2]

Paulo havia compreendido que "o propósito primordial do ser humano é glorificar a Deus".

Quando colocamos Deus no centro da vida, ele é glorificado em nós, no que fazemos, dizemos e pensamos. Pela centralidade de Deus, admitimos que sozinhos não somos capazes de encontrar uma

[2] PIPER, John. **Em busca de Deus**: a plenitude da satisfação em Deus. São Paulo: Shedd, 2001. p. 147.

razão para a nossa existência ou de preencher o vazio que há no nosso interior. Reconhecemos que não sabemos como prosseguir senão pelo direcionamento do Espírito Santo. Confessamos que somente por intermédio do sacrifício de Jesus Cristo podemos encontrar esperança, liberdade e um caminho para o Pai. Assumimos o compromisso de viver de maneira agradável a Deus, ainda que isso custe renunciar à nossa própria vontade.

Muitos pensam que o segredo para uma vida bem-sucedida é a segurança financeira, os diplomas ou um casamento promissor. No entanto, a chave para ser bem-sucedido é a centralidade de Deus na nossa vida. Esta é revelada em nós de diversas maneiras: pela intimidade por meio da oração, pelo estudo e prática das Escrituras, pela comunhão com outros cristãos, pela adoração, pelo serviço a Deus e ao próximo, pelo testemunho, pelo estilo de vida fundamentado no direcionamento divino em todos os aspectos e áreas da vida.

Talvez, como Paulo, você esteja centrado em algo completamente diferente e precise de uma mudança de rumo completa. Então, é possível que precise se firmar em Deus a fim de que outras coisas não voltem a ocupar o lugar dele. Qualquer que seja a sua situação, convido você a assumir o compromisso de viver uma vida centrada em Deus de hoje em diante.

APLICAÇÃO

Reflita se Deus tem estado no centro da sua vida.

- Se ele não está, o que ou quem tem ocupado esse lugar? O que você pode fazer de agora em diante para que Deus esteja no centro? O que precisa ser transformado ou ajustado na sua vida para que isso se realize?

- Se ele já está, o que você tem feito para que outras coisas não voltem a ocupar a posição dele? Como você pode testemunhar para outras pessoas a respeito disso?

Para memorizar

Pois dele, por ele e para ele são todas as coisas. A ele seja a glória pelos séculos! Amém.

Romanos 11.36

ORAÇÃO

Deus, o meu desejo é entregar a minha vida a ti por completo. Enche-me de ti até que não haja mais espaço para o meu ego ou para outras coisas que antes ocupavam o centro da minha vida. Toma o teu lugar, Senhor, e faz da tua vontade a minha.

O meu desejo é viver para te agradar e glorificar. Transforma-me e cumpre o teu propósito na minha vida e por meio dela. Ensina-me os teus caminhos e conduz-me pelo teu Espírito. Senhor, sê sempre o centro de toda a minha vida.

Em nome de Jesus Cristo, amém.

Perdoe

dia 29

LEITURA BÍBLICA
Lucas 7.36-50

O perdão é um dos temas mais recorrentes em músicas, poesias, livros e filmes, porque reflete uma experiência universal de algo que é tão comum e, ainda assim, tão complexo. Pedir desculpas não é nada fácil, mas talvez alguns tenham ainda mais dificuldade para desculpar o outro quando se sentem feridos, atacados ou lesados.

Este também é um tema recorrente na Bíblia, que nos revela que perdão e amor são indissociáveis: "Porque Deus tanto amou o mundo que deu o seu Filho Unigênito, para que todo aquele que nele crer não pereça, mas tenha a vida eterna" (João 3.16). Por nos amar, Deus Pai enviou seu Filho, por meio de quem nos ofereceu o perdão e a reconciliação.

Em seus ensinamentos, Jesus falava a respeito da necessidade de perdoar, como na oração: "Perdoa as nossas dívidas, assim como nós perdoamos os nossos devedores" (cf. Mateus 6.12). Ou seja, Cristo nos mostra que aquele que é perdoado se torna perdoador. Se nosso coração está endurecido com relação ao perdão ao próximo, será que de fato recebemos o perdão divino oferecido a nós por meio do sacrifício de Jesus Cristo?

> **Cristo nos mostra que aquele que é perdoado se torna perdoador.**

Muitas vezes nos frustramos com outras pessoas porque criamos expectativas sobre elas. E, quando falham em satisfazer essas expectativas, ficamos decepcionados, irados e magoados. Em outros casos, quando uma injustiça é cometida contra nós, nutrimos rancor e guardamos ressentimento.

Precisamos nos lembrar de que seres humanos são falhos. Em qualquer relacionamento, seremos feridos e ofendidos em algum momento, ainda que de maneira acidental. Da mesma forma, estamos sujeitos a magoar aqueles que estão ao nosso redor, porque também somos falhos. Entretanto, muitas pessoas parecem se esquecer disso. Elas são tão exigentes para com o próximo que estabelecem parâmetros inalcançáveis e se esquecem de que também são suscetíveis ao erro.

Nosso maior exemplo de perdão é Jesus. Ele foi rejeitado, maltratado e ferido. Embora fosse inocente, foi condenado por nossos pecados. O castigo imposto sobre ele deveria ser nosso. Todavia, Cristo entregou a própria vida por amor. Como seus discípulos, somos chamados a receber o perdão que nos foi concedido pela graça e a perdoar aqueles que nos ofendem. Ainda que não mereçam. Ainda que tenham nos causado feridas profundas, traumas e dores. Ainda que não tenham pedido desculpas.

Quando consideramos a dívida que Jesus perdoou e a comparamos com o que os outros cometeram contra nós, seria ingratidão não perdoá-los. Pensar em como fomos perdoados deve nos tornar mais generosos, compassivos e perdoadores. Ao nos lembrar que Deus estendeu sua graça à humanidade e deu o primeiro passo para que fôssemos reconciliados com ele, somos encorajados a reparar o nosso relacionamento com aqueles que nos feriram e ofenderam.

Dias antes de o meu pai falecer, a minha mãe foi visitá-lo no hospital. Naquela visita, ela pediu perdão se, de alguma forma, não tenha sido a esposa que ele queria. Em seguida, liberou perdão pelo que ele fez contra ela. Foram anos de violência física e verbal, hostilidade, medo, descontrole emocional, abandono afetivo, irresponsabilidade, promessas desfeitas, negligência, mas ela o perdoou. Por vezes, questionei sua atitude. Como poderia pedir perdão e perdoá-lo após tantos anos de sofrimento? Não encontrei outra resposta senão o amor de Deus em sua vida.

> **O perdão que recebemos de Jesus é tão grandioso que deve nos levar a ser generosos em perdoar.**

Nutrir ressentimento nos causa mais dor e angústia. No entanto, liberar perdão nos permite ser curados de nossas feridas. Algum tempo atrás, depois de eu ministrar em um culto, um homem pediu para falar comigo. Assim que olhei para ele, muitas imagens da minha infância voltaram à minha memória: aquele era um dos meninos mais velhos da minha escola que fazia bullying comigo. Eu o reconheci no mesmo instante que o vi, mas ficou claro para mim que ele não se recordava de quem eu era. Eu o chamei pelo nome antes de ele se apresentar, ajudei-o a se lembrar de mim e lhe concedi perdão. Foi uma experiência marcante tanto para ele como para mim. Segundo a autora Joyce Meyer: "Ficar irado com alguém que o feriu é como tomar veneno esperando que esse alguém morra. A nossa recusa em perdoar fere mais a nós mesmos do que a qualquer outra pessoa".[1] Para Meyer, o perdão não se trata de um sentimento, mas de uma decisão que parte do desejo de fazer o que é certo.

Para que eu pudesse ser completamente curado da ferida da rejeição e da orfandade, tive de perdoar o meu pai, por não ter me amado e protegido como deveria. O amor de Deus Pai me ajudou nesse processo, que não foi fácil ou imediato. Para que eu pudesse me afastar daquela dor, tinha de perdoar, porque "o perdão é o primeiro passo da jornada para deixar a dor para trás".[2]

Hoje convido você a fazer o mesmo. Libere perdão àqueles que o feriram e ofenderam. Peça a Deus que o ajude a fazê-lo com sinceridade. Liberte-se do peso do rancor e do ressentimento, para que você possa experimentar a cura completa. Por mais difícil que seja esse processo, gostaria de encorajá-lo a seguir os passos de Jesus.

Lembre-se do amor do Pai, que nos permitiu ser reconciliados com ele por meio do sacrifício de Cristo na cruz. Por fim, gostaria de trazer esta preciosa instrução do apóstolo Pedro: "[...] amem sinceramente uns aos outros, porque o amor perdoa uma multidão de pecados" (1Pedro 4.8). O amor e o perdão são indissociáveis.

APLICAÇÃO

Separe um momento para pensar se você tem algum conflito não resolvido ou se foi ferido por alguém e ainda não liberou perdão. Depois disso, ore por essa pessoa e peça a Deus que ajude você a perdoá-la completa e sinceramente.

---

[1] Joyce Meyer, **Faça um favor a si mesmo... perdoe: Aprenda a assumir o controle da sua vida através do perdão** (Belo Horizonte: Bello Publicações, 2014).

[2] Junior Rostirola, **Encontrei um Pai: a paternidade que você precisa** (São Paulo: Vida, 2019, p. 187, 1. ed).

Se tiver a oportunidade, entre em contato para se reconciliar com quem feriu você. Caso não seja possível, continue em oração por ela.

Para memorizar

Suportem uns aos outros e perdoem as queixas que tiverem uns contra os outros. Perdoem como o Senhor os perdoou.

Colossenses 3.13

ORAÇÃO

Meu Deus, eu te agradeço por me concederes o perdão por meio de Jesus Cristo. Ajuda-me a perceber que dependo totalmente da tua graça e misericórdia.

Ensina-me a perdoar como tu perdoas e a amar o próximo como me amas. Remove do meu coração todo tipo de rancor, mágoa, ira e desejo de vingança. Derruba qualquer barreira que me impeça de me reconciliar com as pessoas que me feriram.

Em nome do teu Filho, Jesus, amém.

Seja feliz dia 30

LEITURA BÍBLICA
Filipenses 4

Blaise Pascal, um filósofo e teólogo francês, afirmou: "Todos os homens, sem exceção, procuram ser felizes. Embora por meios diferentes, tendem todos para este fim". A busca da felicidade é comum a todos os indivíduos. Algumas pessoas pensam que esta virá de realizações profissionais e acadêmicas. Outras, de ter um casamento bem-sucedido e filhos saudáveis. Há, ainda, aqueles que acreditam que a felicidade está relacionada às riquezas e aos bens materiais.

Ainda que todas essas coisas nos tragam satisfação, nada disso pode nos fazer verdadeiramente alegres. A verdadeira alegria não está em circunstâncias favoráveis, em prazeres ou em fatores externos. De acordo com o pregador Billy

Graham, a felicidade é intrínseca e independe das circunstâncias. No livro *O segredo da felicidade*, Graham escreveu:

> A felicidade que possui valor permanente na vida não é superficial, e não depende de circunstâncias. É uma felicidade, um contentamento que enche a alma ainda mesmo no meio das circunstâncias mais adversas e no meio de ambientes mais que nocivos e desanimadores. É essa felicidade que sorri quando tudo vai mal, e mesmo através das lágrimas. A felicidade pela qual nossa alma suspira é essa felicidade imperturbável ante o sucesso ou a derrota, que se radica profundamente no nosso íntimo e nos faculta interior descanso, paz e contentamento, sejam quais forem os problemas que se agitem na superfície. Essa espécie de felicidade não precisa de estímulos de fora.[1]

Desse modo, ser feliz não é sinônimo de ter uma vida isenta de problemas, dificuldades, dores e aflições. Pelo contrário, significa permanecer alegre ainda que surjam adversidades e angústias. Essa felicidade não pode ser encontrada em coisas, lugares, acontecimentos, conquistas ou pessoas, somente em Jesus. Nossa alma não precisa do prazer temporário proveniente de bens materiais, realizações ou relacionamentos, mas do pleno contentamento que somente Jesus Cristo pode nos proporcionar.

> **Nossa alma não precisa de prazer temporário, mas precisa de um relacionamento íntimo com Deus.**

O apóstolo Paulo é um exemplo prático de alegria inabalável. Sua vida não foi fácil: enfrentou tempestades, naufrágios, prisões injustas, críticas de cristãos e não cristãos, perseguições, apedrejamento. Ainda assim, ele foi capaz de dizer: "[...] aprendi a contentar-me

---

[1] Billy Graham, **O segredo da felicidade: Jesus, através das bem-aventuranças, ensina o que é a felicidade** (Rio de Janeiro: Casa Publicadora Batista, 1962), p. 7.

em toda e qualquer circunstância" (Filipenses 4.11). A felicidade de Paulo não estava condicionada às situações que vivia, mas firmada no Senhor. Por esse mesmo motivo, o apóstolo aconselhou: "Alegrem-se sempre. [...] Deem graças em todas as circunstâncias, pois esta é a vontade de Deus para vocês em Cristo Jesus" (1Tessalonicenses 5.16,18).

Da mesma forma, podemos aprender a estar contentes em todas as situações, quaisquer que sejam. Se o Senhor for nossa fonte de alegria e satisfação, não seremos abalados pelas circunstâncias, porque "o que confia no Senhor, esse é feliz" (Provérbios 16.20, NAA). Nele podemos descansar e nos alegrar, porque o nosso bom Deus cuida de nós e supre cada uma das nossas necessidades. Ele está conosco nos bons momentos e nas dificuldades. Por essa certeza, podemos encontrar a verdadeira felicidade.

> **Se o Senhor for nossa fonte de alegria e a satisfação, não seremos abalados pelas circunstâncias.**

Por muitos anos, minha família e eu não podíamos sentir nenhum tipo de alegria ou prazer. Nossa situação em casa era tão complicada que tudo o que vivíamos era dor, angústia, medo, aflição, ansiedade. No entanto, quando conheci Jesus, conheci a verdadeira alegria. O vazio em meu interior começou a ser preenchido por uma felicidade que eu jamais havia experimentado.

Após minha conversão, continuei a passar por dificuldades, e ainda hoje vivo momentos desafiadores. Contudo, nenhum deles é capaz de roubar minha alegria, pois esta não depende do que acontece comigo nem ao meu redor. Hoje posso desfrutar do contentamento porque confio no meu Pai. Sei que ele não me desampara nos momentos de dor e não permite que nada me falte. Dele vem a minha alegria.

O meu conselho para você de hoje em diante é: Seja feliz. Ainda que as dificuldades venham, seja feliz. Como cantamos no hino "Aflição e paz":

> Se paz a mais doce me deres gozar
> Se dor a mais forte sofrer
> Oh, seja o que for, tu me fazes saber
> Que feliz com Jesus sempre sou!

APLICAÇÃO

Reflita sobre estas questões:

- Como a alegria plena em Jesus difere da alegria que o mundo propõe?
- De que maneira você pode demonstrar contentamento em todas as situações?
- Como você costuma reagir quando surgem dificuldades?

Para memorizar

Provem e vejam como o Senhor é bom.
Bem-aventurado o homem que nele se refugia!

Salmos 34.8

ORAÇÃO

Senhor, eu te agradeço por teu amor e por teu cuidado constantes. Ajuda-me a confiar plenamente em ti, de modo que eu não seja abalado pelas circunstâncias e pela dificuldade. Que eu possa me alegrar em ti em toda e qualquer situação, pela certeza de que tu me amas e estás comigo em todo tempo. Ensina-me a estar contente mesmo em momentos de dor, aflição e medo. Dá-me a alegria inabalável que somente tu podes proporcionar.

Amém!

Conclusão

Ao final destes trinta dias, espero que você tenha vivenciado muitas transformações, que tenha fortalecido o seu relacionamento com Deus e reafirmado o seu propósito. Sobretudo, espero que o seu coração tenha sido despertado para a necessidade de ser cada dia mais e mais conformado à semelhança de Jesus Cristo pelo poder do Espírito Santo.

Contudo, a jornada não termina aqui. Cada dia da nossa caminhada é um passo de fé em direção ao destino que o Pai tem para nós. Por isso, não permita que as lições aprendidas no decorrer deste livro sejam esquecidas quando você terminar a leitura e fechar o livro. Pelo contrário, que elas continuem a produzir mudanças na sua vida diariamente.

Não importa qual é o nosso tempo de conversão, cargo ou conhecimento teológico, sempre temos mais a aprender, a crescer e a mudar. De igual maneira, sempre podemos aprofundar mais o nosso relacionamento com Deus. Portanto, esse deve ser um investimento contínuo, diário. Como está escrito em Oseias 6.3 (Almeida Revista e Atualizada): "Conheçamos e prossigamos em conhecer ao SENHOR [...]". Cultive a sua intimidade com ele por meio da oração, da leitura da Palavra, da adoração, da obediência a seus mandamentos e da comunhão com os irmãos em Cristo.

Com Deus no centro da sua vida, estabeleça uma rotina saudável e equilibrada no que diz respeito às suas prioridades. Dedique-se a cuidar de si mesmo em todos os aspectos: espiritual, físico, emocional e relacional. Desenvolva hábitos que contribuam para a sua saúde em todas as áreas, sem negligenciar nenhuma delas, e lembre-se de que a sua vida deve glorificar a Deus na integralidade, ou seja, em tudo o que você é e faz.

O caminho da fé nem sempre é o mais simples; por vezes, nós nos deparamos com tribulações e circunstâncias contrárias. Entretanto, somos chamados a perseverar e a prosseguir em direção ao nosso destino. Se em algum momento você se sentir cansado ou sobrecarregado, ou se for mais uma vez tomado por medos e inseguranças, aproxime-se mais de Jesus. Entregue a ele as suas incertezas e ansiedades, pela confiança de que ele venceu todas as coisas.

Em momentos de dificuldade, podemos nos voltar para as muitas histórias bíblicas que nos mostram a fidelidade, o poder e a bondade do nosso Deus para sermos encorajados a seguir em frente. Lembremo-nos, porém, de que o nosso maior exemplo e inspiração é Jesus, aquele que tudo sofreu e tudo suportou. Que possamos seguir a Jesus, renunciando aos desejos do nosso coração para, como ele, agradar ao Pai e ser vitoriosos.

Procure pessoas de confiança com quem você possa contar ao longo da caminhada, pessoas cujos princípios estejam alinhados aos seus, que contribuirão para a sua edificação. Em momentos de dificuldade, é importante que tenhamos alguém para interceder por nós e nos aconselhar segundo a Palavra. Como está escrito em Eclesiastes 4.9-12: "É melhor serem dois do que um, porque maior é a recompensa do trabalho de duas pessoas. Se caírem, um levantará o outro. Mas pobre do homem que cai e não tem quem o levante!".

Se você ainda não faz parte de uma comunidade de fé, procure uma no seu bairro ou nas proximidades, para que possa dar continuidade a essa transformação junto de pessoas que partilham dos seus princípios e o ajudarão a permanecer firmado. Se você já faz parte, dedique-se a ser um membro mais ativo e a contribuir para o Reino com os seus talentos e capacidades. Como vimos ao longo deste livro, existem diferentes formas pelas quais você pode servir a Deus e ao próximo.

Ao longo do meu processo de cura, entendi que poderia estender essa cura aos que estavam em sofrimento. Assim como a minha dor e as minhas experiências pessoais serviram para um propósito maior, as suas também podem servir. Você pode transformar essas vivências em possibilidades de ajudar o próximo, testemunhar do amor do Pai e revelar o caráter de Jesus Cristo.

Estenda a mão para aqueles que precisam de ajuda, para os que estão perdidos, aflitos e sem esperança. Ofereça ao próximo a mesma compaixão e empatia com as quais Jesus olhou para nós na nossa angústia. Faça a diferença no lugar em que você está e com os recursos e talentos que Deus lhe confiou.

Este livro é um instrumento para ajudar você em sua caminhada. Que as reflexões frutifiquem na sua vida e o ajudem a prosseguir, pois a caminhada não acabou. O meu desejo é de que você continue a buscar o crescimento e o fortalecimento na fé, e que continue a aprofundar o seu relacionamento com Deus de tal maneira que as pessoas ao seu redor sejam impactadas e abençoadas.